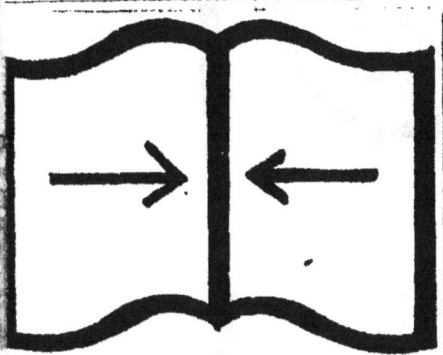

RELIURE SERREE
Absence de marges
intérieures

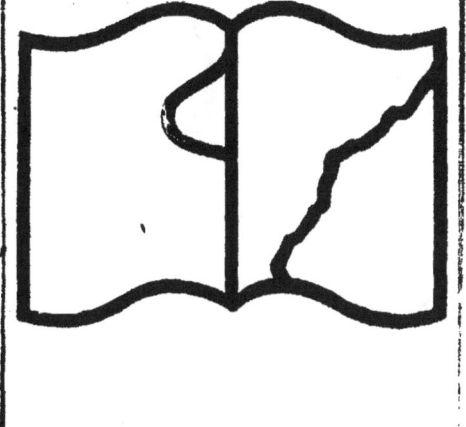

Texte détérioré — reliure défectueuse
NF Z 43-120-11

VALABLE POUR TOUT OU PARTIE
DU DOCUMENT REPRODUIT

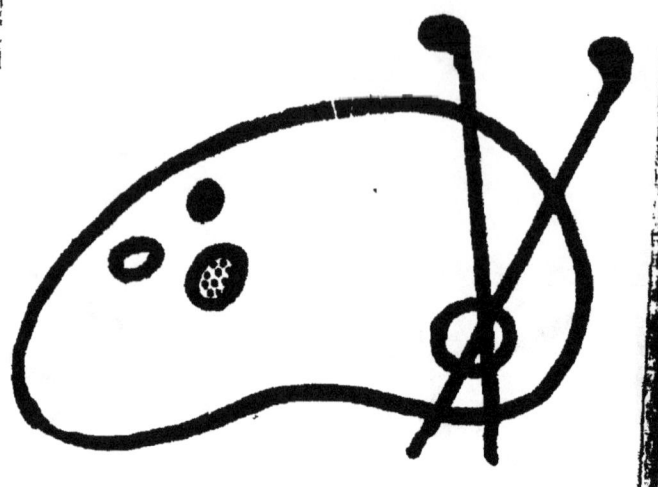

Couvertures supérieure et inférieure en couleur

Aspects

PARIS
BIBLIOTHÈQUE ARTISTIQUE & LITTÉRAIRE
Société Anonyme LA PLUME
31, rue Bonaparte, 31

1897

EN VENTE MÊME LIBRAIRIE

ÉCRIVAINS NOUVEAUX :

A.-D. BANCEL	Le Coopératisme devant les écoles sociales	1 50
AUGUSTE BARRAU	Vierge à l'abandonnée	3 »
HENRY BECQUE	Souvenirs d'un auteur dramatique, 1 v.	3 50
CLAUDE BERTON	Le bon grand-papa, pièce en 4 actes	3 50
H. BOUTET & H. DEVILLIERS	Louange de Curiés	7 50
RENÉ BOYLESVE	Les Bains de Bade	3 »
RÉMY BROUSSAILLE	Bizarres	3 50
GEORGES BOURGEOIS	Le Congrès des Poètes	3 »
GASTON DUBREUILH	L'Ecole du Dilettante	3 50
LOUIS JUNIER	Albert, roman	3 »
JOHANNES GRAVIER	Simon Deutz, drame	4 »
JEAN JULLIEN	La Vie sans loi, nouvelles	3 »
	L'Echéance, drame	1 »
PIERRE LAMARQUE	Cousins et Cousines, Roman	3 50
	Le Roturier de Pierre-Pont, drame	» »
ALBERT LANTOINE	Liliputh, roman	3 »
LÉON MAILLARD	La Lutte Idéale	5 »
HENRI MAZEL	La Cortège	3 »
	La Prise du Temple	3 »
	Flotille dans le golfe	3 »
OUVREUSE DU CIRQUE	Rythmes et Rires	3 50
GUSTAVE RANDASSE	Les Rêves fous	3 »
G. DE RAULIN	Owanga, roman	3 50
HUGUES REBELL	L'Union des Trois Aristocraties	2 »
	La Clef de St-Pierre, ballet	5 »
PAUL REDONNEL	Chansons éternelles	3 50
FELIX REGAMEY	Le Cahier rose de Mᵐᵉ Chrysanthème	4 »
ADRIEN REMACLE	La Passante, roman d'une âme	3 »
JACQUES RENAUD	Le Fi Balouss, nouvelles (épuisé)	» »
ADOLPHE RETTÉ	Similitudes	3 50
	L'Archipel en fleurs	3 50
	La Forêt bruissante	5 50
	Promenades subversives	1 »
	Aspects	3 50
LÉON RIOTOR	Le Parabolain	2 »
	Le Sceptique loyal	2 »
	Trois Monarques de Lettres	2 »
» & ERNEST RAYNAUD	Noce Bourgeoise, 1 acte	3 »
GEORGES ROUSSEL	A l'Essai	3 50
CHARLES DE ROUVRE	Après Amour, roman	3 50
WILLIAM VOGT	L'Altière Confession	3 »
VOLTAIRE	Candide, in-4° illustré	15 »

LA PLUME Revue littéraire illustrée, bi-mensuelle (64 colonnes de texte) Abᵗˢ : Paris : 12 francs — Etranger : 15 fr. — Le numéro : o.60 centimes.

Aspects

551

8° Z
14581

DU MÊME AUTEUR :

Cloches en la Nuit, vers (*épuisé*).
Thulé des Brumes, légende moderne en prose (*épuisé*)
Paradoxe sur l'amour, prose (*épuisé*).
Réflexions sur l'Anarchie (*épuisé*).

―――――

Une belle Dame passa, vers.
L'Archipel en fleurs, vers.
Trois dialogues nocturnes, prose.
Similitudes, drame en prose.
La Forêt bruissante, poème.
Promenades subversives, prose.

EN PRÉPARATION

Campagne première, vers.
La Seule Nuit, légende moderne en prose.
Les Blessés, drame en vers.

Tous droits réservés, y compris la Suède et la Norvège.

A
LÉON DESCHAMPS

ADOLPHE RETTÉ

ASPECTS

PARIS
BIBLIOTHÈQUE ARTISTIQUE & LITTÉRAIRE
Société Anonyme LA PLUME
31, rue Bonaparte, 31

1897

PRÉFACE

La stricte justice et aussi mon amitié veulent, mon cher Deschamps, que je te dédie ce livre. Lorsque tu me confias le soin d'exprimer, dans la Plume, un sentiment sur la production littéraire contemporaine, tu spécifias : « Il est bien entendu que tu diras absolument tout ce que tu voudras. » Tu n'as jamais manqué à cette parole. Ni la vente de ta revue interdite en Russie, ni les insinuations de quelques « chers confrères », ni les réclamations de « lecteurs assidus » que mon... cynisme révoltait ne te firent varier. J'ai toujours eu, chez toi, une liberté qui ne m'aurait été concédée nulle part. C'est pourquoi je me suis plu à repousser les propositions qu'on me fit, maintes fois, d'entrer dans les rédactions de journaux où l'on m'affirmait me garantir mon indépendance — à condition que je laisserais de côté les thèmes subversifs et que je ménagerais les « amis de la maison. » Je me rappelle, entre autres, certain ambassadeur officieux qui me fit miroiter la perspective de conquérir, en adoucissant ce qu'il appelait ma manière, le « Grrrrand Public ».

« Mais, lui dis-je, ce Grand Public dont vous me parlez goûte-t-il les articles de X et de Z ? » Et je lui citai les noms de deux « illustres collaborateurs » au papier quotidien qu'il me vantait.

« Sans doute, me fut-il répondu, ils lui plaisent fort. Pourquoi n'en irait-il pas de même pour vous ?

— Parce que, dis-je, si X et Z plaisent à la chose que vous étiquetez Grand Public, je suis très sûr de déplaire à celui-ci..... C'est même là ce que je désire. »

Mon interlocuteur m'affirma que je manquais de « sens pratique. » Et la négociation fut rompue.

On trouvera dans ce volume, où j'ai réuni mes articles de 1896, le rendu exact des émotions que suscitèrent en moi quelques-uns des livres publiés cette année et l'analyse de quelques cas littéraires. J'y ai montré un parti-pris constant c'est-à-dire que je ne me suis jamais écarté des convictions de vie et d'art qui forment ma philosophie. Cette philosophie, je ne veux pas l'exposer de nouveau. Je l'ai fait maintes fois ; et, au surplus, elle est suffisamment évidente au cours de mon livre. Mon opposition à certaines admirations et à certaines charlataneries de notre temps m'ont fait traiter, çà et là, d'éreinteur. Pourtant les personnes qui voudront bien dresser la liste des écrivains que je loue et de ceux que j'attaque pourront se convaincre que les premiers sont plus nombreux que les seconds.

J'ai été souvent sévère pour ceux de ma génération. C'est parce que je les aime. Cette génération, si méconnue, tant calomnié, donne, certes, le spectacle d'une renaissance admirable qui s'accentue encore tous les jours depuis qu'elle se détermine vers la seule nature. Toutes nos querelles, toutes nos dissidences n'ont fait en somme qu'avérer ces deux faits : l'exaltation de l'individu et l'abolition des écoles. Si j'ai donc critiqué, un peu âprement, quelques-uns de mes frères d'armes c'est lorsqu'ils m'ont semblé s'écarter de cette large voie pour s'attarder à des admirations contradictoires avec leur talent, à des essais de coteries vaniteuses ou à des dogmes d'art désormais périmés. En outre, je ne regrette nullement la violence avec laquelle j'ai fouaillé ceux de nos Aînés dont l'hostilité volontairement ignorante, la feinte bonhomie ou l'extravagance m'indignèrent.

Cette manière d'agir m'a valu de précieuses sympathies. Elle m'a valu aussi des inimitiés. Plusieurs ont montré de la mauvaise foi dans l'appréciation de mes dires. D'autres m'ont insulté. Je leur pardonne volontiers et je les oublie, estimant que la bassesse d'âme dont ils firent preuve n'appelle que l'indifférence. — Pour moi, loin de me complaire au scandale et aux voies détournées, j'ai cherché franchement la vérité. J'ai dû me tromper parfois ; je crois l'avoir trouvée assez souvent.

Au moment où j'écris ces lignes, seul sous la lampe coutumière, dans le silence de la nuit, je récapitule cette série d'études.... Eh bien, ma conscience me dit que je n'ai pas failli vis-à-vis de moi-même. J'ai donné ma pensée entière, avec passion peut-être mais en toute sincérité. Puis me rappellant le labeur scrupuleux et réfléchi d'où sortit mon livre, je me sens plein de sérénité. Dès lors, j'accepte le silence momentané qui accueillera peut-être sa publication, convaincu que je suis d'avoir fait œuvre bonne puisque seul me guida l'amour de la beauté dans la vie et dans l'art. Et j'ai confiance dans le jugement de l'avenir.

ADOLPHE RETTÉ.

I

LE DIABLE S'EXPLIQUE

CETTE nuit-là, le démon Grymalkin, qui sommeillait étendu sur un amas de manuscrits délaissés, entr'ouvrit un œil chassieux, bâilla, s'étira, gratta d'une griffe nonchalante le sommet de son nez en as de trèfle. Enfin, tout à fait réveillé, il constata : que la plume était rouillée ; que l'encrier était vide ; qu'une notable couche de poussière habillait de velours gris maintes paperasses fripées où couraient en zig-zag des écritures vagabondes. La vétusté de ces divers ustensiles à martyriser la pensée le choqua vivement. Sautant sur le carreau, après avoir redressé, de quel geste coutumier, son toupet sulfureux, il se prit à parcourir la maison, en peine du poète qu'il favorise et qu'il tourmente tour à tour ou simultanément. Or la maison était déserte. Personne dans le cabinet de travail où d'inviolées piles de livres nouveaux s'écroulaient parmi des journaux non dépliés, des revues non coupées, des lettres peu lues, tandis que s'ennuyait, solitaire au mur, ce tableau de soleil saignant sous les saules qui fit tant commettre le péché d'envie aux amis du poète. Personne dans la chambre à coucher : le lit était vide et froid comme un catafalque ; vierge d'huile, la lampe des heures studieuses ; un tome de Shakespeare corné béait large ouvert sur tels dires de Prospero, mais, à coup sûr, nul n'en avait tourné les pages depuis longtemps. Personne dans la salle à manger aux faïences où des coqs écarqués feignent de s'égosiller. Personne dans la cuisine sans feu où les marmites bombent comme des ventres d'hoplites à la retraite. Personne au grenier où le vent glousse comme une perdrix qui rêve en se glissant sous les tuiles. Et personne à la cave où chantent les futailles grosses de la dernière vendange. Grymalkin regarda au dehors : la campagne dormait toute morte de silence et d'hiver.

Grymalkin hocha la tête, haussa les épaules, bâilla derechef et dit : « Je crois que j'ai dormi trop longtemps. Maître Phantasm a profité de mon assoupissement pour courir les champs — sous couleur de récolter des sensations. Quand rentrera-t-il ?... Si du moins je pouvais profiter de son absence pour m'échapper de cet intérieur qui commence à exhaler un relent d'esthétiques refroidies. Mais un désolant pantacle garde la porte. Et comme j'ai commis la maladresse de me brouiller avec le Seigneur des rats — une futile querelle d'amour-propre — je ne puis requérir les dents de ses serviteurs afin de reprendre ma liberté. »

Il piétinait fort grimaud lorsqu'il avisa un tas de balayures où s'amalgamaient des paillettes d'or faux, des perruques rebourses, des fleurs flétries et des embryons mal-venus.

« Bon, s'écria le diable, là je trouverai les éléments d'un philtre qui me permettra de m'envoler par la cheminée... Voici les boyaux d'un poète parnassien :

Il aimait trop la rime — et nous l'avons tué

Voici l'épithalame que M. Hugues Rebell composa pour les noces du sire de Malbrouck et de mademoiselle Vanderbilt des Porcs et Pétroles. Voici l'âme d'un vieux journaliste ; elle est bien sale et elle sent très mauvais — raison de plus pour m'en servir. Voici un lambeau de carne patriotique à peine purulente. Voici.... »

La porte s'ouvrit soudain toute grande. Un flot de claires étoiles entra précédant Maître Phantasm accompagné de Griff, le malicieux chien noir dont lui fit cadeau un certain Lucifer.

« Oh ! ça, s'écria le poète, que faites-vous là, méchant porte-fourche ?... Vous vouliez vous sauver, je pense ! Je m'en vais vous étriller d'importance, monsieur le diable.

— Mais, dit humblement Grymalkin, vous m'abandonnez pendant des semaines entières : je m'ennuie. Depuis les premiers jours d'octobre vous courez et nous voilà presque à la mi-décembre. Pourquoi ne pas m'avoir emmené avec vous ? Je me serais blotti, comme je l'ai fait souvent, dans l'oreille gauche de Griff et nous aurions inventé quelques bons tours. Nous aurions tordu le cou — Griff et moi — aux volailles égarées et nous en aurions gratifié les trimardeurs qui traînent leurs pieds blessés par les routes cailloutcuses. Nous aurions mordu — moi et Griff — les mollets des Gros-Ventres qui jubilent dans leur graisse en mirant leur propriété. Nous aurions, jappeurs et trépignants, tourné en cercle autour de M. le Curé quand il lit son bréviaire dans l'allée des Ormes et nous aurions fait pipi contre ses exorcismes. Nous aurions modulé de fins hurlements à la gloire de la nouvelle lune...

— Paix ! dit Maître Phantasm, il ne s'agit pas de cela, Grymalkin. Accroche au plafond ces étoiles bariolées ; allume le feu. Ensuite tiens-toi coi et n'ouvre la bouche que pour me répondre. »

Grymalkin obéit allègrement. Puis, comme Maître Phantasm s'était accommodé dans un fauteuil, il sauta sur la table et, jambes croisées, il se mit en devoir d'écouter. Lors se noua le dialogue suivant.

MAITRE PHANTASM

La campagne d'automne m'appelait. Toute lasse et pareille à une Danaé qui a trop attendu son amant, elle me criait : « Le temps est venu des oiseaux migrateurs. Accours admirer comme je me suis faite belle pour leur dire adieu. J'ai mis mon écharpe de frêle brouillard, ma robe rouge-pâle des pampres et mon chapeau de rosée scintillante. Ne laisseras-tu pas tes écritures pour m'aimer un peu ? » Cependant je vis, à travers les carreaux de la fenêtre, les arbres frissonner en couvrant la terre de feuilles d'or. Et ils se plaignaient : « L'ingrate, nous nous dépouillons pour elle — mais elle réclame l'homme ! »

Crois-tu, Grymalkin, que la terre avait raison ? Peut-être oui, n'est-ce pas si, comme l'affirme M. Paul Adam, l'homme est la pensée de la planète. S'il a dit vrai, il était juste que le vent d'octobre ravissant à la campagne un baiser parfumé de raisins mûrs et de la mort des fleurs me l'apportât aux lèvres car j'en créerai des rythmes.

GRYMALKIN

Autrefois, à l'époque où j'étais catholique, où *vous autres* n'aviez pas encore détrôné le dernier des Dieux, je t'aurais assuré que : si l'homme est la pensée de la planète, c'est une mauvaise pensée.

MAITRE PHANTASM

Et moi je t'aurais répondu que tu avais trop lu Schopenhauer et pas assez ton catéchisme. En effet, tenant l'homme pour une mauvaise pensée tu te permettais de juger les vouloirs insondables du vieux Manitou et donc tu n'étais pas un sincère catholique. Mais *maintenant* tu es devenu meilleur logicien, n'est-il pas vrai ?

GRYMALKIN

Il faut s'appeler Huysmans et souffrir de l'estomac pour croire que le diable est bon logicien. Il s'est instruit à votre école, voilà tout.

MAITRE PHANTASM

A notre école ? Je m'imaginais au contraire que l'homme avait beaucoup appris à l'école de ton grand-père Satan.... Tu sais : il y a une certaine histoire de pomme et de serpent.

GRYMALKIN

Sans doute ; seulement vous vous êtes bien rattrapés depuis. Au temps de l'innocente animalité paradisiaque, Satan vous apprit à vous tenir debout sur vos pattes de derrière et aussi à associer quelques idées. Vous avez si gentiment profité qu'aujourd'hui, par un juste retour, c'est le diable qui vend son âme à l'homme.

MAITRE PHANTASM

Donc, à ton sens, quoique en disent les théologiens, le monde n'appartient pas au diable ; le monde est à l'homme ?

GRYMALKIN

Oui — et le diable aussi. Vous avez mis pas mal de siècles à faire cette conquête. D'aucuns douteront qu'elle ait eu lieu *réellement*. Ainsi Alfred de Musset s'écriant :

Quand le diable y serait, j'ai mon cœur humain, moi!

ne savait pas à quel point le diable *y était* en effet... Or vous êtes arrivés à un stade intéressant de votre évolution : nous ne pouvons plus penser sans votre intermédiaire.

MAITRE PHANTASM

Alors, M. Paul Adam a-t-il raison ?

GRYMALKIN

Oui. Mais il aurait pu ajouter : si l'homme est la pensée de la planète, cet incident n'importe guère à celle-ci. La planète ne vous connaît que comme animaux et matière à fumier. Lorsque vous pensez, c'est contre elle : d'ailleurs elle n'en sait rien.

MAITRE PHANTASM

Et vous autres esprits turbulents, qu'êtes-vous donc ?

GRYMALKIN

Nous sommes les essences élémentaires : un premier effort de la pensée née de la nature pour vaincre la nature. Trop faibles, incapables de triompher tout seuls, nous avons fait alliance avec vous. Tant que vous ne nous avez pas absorbés, nous vous avons sollicités *du dehors*, nous vous avons incités à prendre conscience de vous-mêmes. Etant ceux du souffle, de la flamme, du flot et du fluide, nous vous environnions, nous vous tourmentions afin que vous nous soumettiez. Domestiqués enfin par vous — mais alors pour *notre gloire et la vôtre* — nous avons contribué à votre bien-être. Votre corps s'est fortifié par cette lutte. Vos organes, imprégnés de nous, devenus plus subtils, ont tous concouru à former cette âme qui fait de vous des hommes plus complets parce que souffrant davantage, parce que pensant davantage. Mais quel labeur fut le nôtre ! Il fallut vous piquer des dards de la bise, vous brûler, vous fustiger de pluie, tordre vos nerfs sous l'effluve électrique ; à chaque fonction nouvelle que vous aviez acquise, vous créer de nouveaux désirs et enfin vous répéter sans cesse : « Aimez-vous assez vous-mêmes pour vous asservir les éléments qui vous pressent de toutes parts. Ne vous résignez jamais à la souffrance. Combattez chaque jour votre mère la nature ; arrachez-lui ses forces. Et, gardant votre âme toujours tendue vers la conquête intégrale de l'univers, écartez ce fantôme, issu de la peur aux premières nuits pensantes de votre race, que vous appelez Dieu. » C'est notre obsession salvatrice que les Eglises, en leur haine éternelle de la vie, dénoncèrent : Esprit de révolte. Longtemps il agit autour de vous cet esprit ! Aujourd'hui il est en vous à jamais et c'est pourquoi vous avez pris conscience de vous-même, c'est pourquoi vos fils seront heureux.... c'est pourquoi je suis à ton service — au même titre que ton chien Griff.

MAITRE PHANTASM

Tu dis vrai : *quelques-uns* ont pris conscience d'eux-mêmes. Mais le grand nombre, pareil aux flots de la mer sous une lune d'équinoxe, pourrait-il comprendre tes paroles ? Ne me tiendrait-il pas pour un fol si je les leur répétais telles quelles ?

RYGMALKIN

Eh ! quand tu t'adresses à eux, tu commentes ces... hiéroglyphes. Avec le fer qu'il faut tu sais faire saigner leurs plaies puisqu'il est dit : « Frappe pour guérir. »

MAITRE PHANTASM

Ils souffrent.

GRYMALKIN

Ils sont en enfer — et toi aussi. Tant qu'ils ne se seront pas reconquis eux-mêmes par la souffrance, vous y resterez tous. Toi et tes frères n'avez-vous pas subi un dur tourment pour briser vos chaînes ? Il faut qu'ils voient leur mal comme vous le voyez. Or ne leur montrez-vous pas leurs ulcères ? La Société....

MAITRE PHANTASM

Une étable puante où des porcs se disputent une pâtée grossière.

GRYMALKIN

La Patrie ?...

MAITRE PHANTASM

Une cage où des bêtes féroces hurlent, en mordant les barreaux, à l'encontre d'autres bêtes, de poil différent, qu'on tient recluses en face d'elles.

GRYMALKIN

La Famille ?...

MAITRE PHANTASM

Des singes grimacent et se pincent les uns les autres.

GRYMALKIN

La Religion ?...

MAITRE PHANTASM

Des hiboux battent de l'aile sur des cercueils.

GRYMALKIN

Eh bien ! que veux-tu faire ?

MAITRE PHANTASM

Démolir et démolir encore pour que l'homme sorte de la bête.

GRYMALKIN

Ainsi vous créerez la Justice c'est-à-dire : l'homme s'aimant en autrui de la même façon et pour les mêmes raisons qu'il s'aime en lui-même. Quand vous aurez réalisé la justice totale, vous n'aurez plus besoin de nous. Nous retournerons, chassés par vous, nous perdre aux forces qui nous avaient suscités.

MAITRE PHANTASM

Mais l'humanité ne voudra-t-elle pas alors se reposer ? Et tout repos, ce serait la mort.

GRYMALKIN

L'humanité *ne peut pas* se reposer. Elle sera autre : ou l'arbre plus vigoureux ou des rejetons beaux d'être les ennemis du tronc paternel. D'une conception nouvelle de la vie surgiront de nouveaux motifs d'activité. Vos fils détruiront la science, devenue inutile, comme vous avez détruit Dieu.

MAITRE PHANTASM

Ils détruiront mais que construiront-ils ?

GRYMALKIN

Ne t'inquiète pas : ils sauront bien se créer une illusion nouvelle.

MAITRE PHANTASM

Et à la fin de tout ?

GRYMALKIN

Du fumier pour l'incubation des mondes futurs... D'ailleurs qu'importe : ta joie est d'agir par la pensée ? Fais ce que tu veux : suis ta joie. La pensée ne connaît pas la durée ; le passé, le présent, l'avenir sont un devant elle et elle les embrasse également. La pensée c'est le moment éternel. C'est par elle que l'homme a détrôné ses dieux. Voilà pourquoi tu es fort.

MAITRE PHANTASM

Tu as raison : agir pour sentir la vie battre dans mes artères !... Au travail !

GRYMALKIN

Emmitouflés de neige, les jours dansent autour du Sagittaire. Prends ton arc et tes flèches.

MAITRE PHANTASM

Qui frapperons-nous ?

GRYMALKIN

Ceux d'hier cramponnés à des ruines de l'autre côté du gouffre traversé par les Forts ; ils grelottent, ils sanglotent d'une voix rauque, ils agitent des fétiches et nous lancent des pierres et des fientes séniles. Les bouffons accrochés comme des pariétaires aux parois de l'abîme et qui ricanent et qui lèchent les Vieux en disant de nous : « Ils sont bien peu. » Les malades et les éclopés qui vantent et chérissent leurs plaies ; ils refusent la vie et veulent rêver, en se rongeant, aux idoles défuntes. Les lâches tremblant sous l'épée flamboyante du Khéroubim qui barre notre route ; ils n'osent pas tuer l'ange... Nous frapperons tous ces Faibles car ces Faibles doivent mourir.

MAITRE PHANTASM

Qui saluerons-nous ?

GRYMALKIN

L'homme libre qui va en avant et foule aux pieds les morts. Et nous boirons avec lui une coupe de clair soleil. Et il nous accompagnera.

MAITRE PHANTASM

La nuit replie ses ailes glacées. Les étoiles ferment leurs yeux las. A l'orient, l'aube va bientôt poser ses pieds frileux sur les collines pâles. La campagne se pare de givre. Et la candeur d'un jour nouveau rafraîchit mon âme. Au travail !

GRYMALKIN

Moi, cependant, je vais m'asseoir sur la pierre du foyer. Et pour rythmer ta pensée, je battrai la mesure aux chœurs des salamandres et des grillons qui grésillent et susurrent dans le brasier d'or rose....

Mais écoute : un cri de clairon troue le silence !

MAITRE PHANTASM

Le coq rouge chante ! — Au travail ! Au travail !

II

UN TRIMARDEUR

DEPUIS qu'une révolution fameuse a remplacé les dogmes avachis par *d'immortels* principes, depuis que la bourgeoisie s'est substituée à la noblesse pour l'exercice de cet art remarquable : l'escroquerie au détriment du grand nombre, depuis que la bête de ruse le Médiocrate a détrôné la bête de proie l'Aristocrate « l'association mi-partie d'idiots, mi-partie de coquins qu'on appelle le monde des *honnêtes gens* », hier dénoncée par Michelet, règne. Empoisonnés de respect — de tous les sentiments le plus bas — courbés sous la Loi comme ils se courbaient jadis sous le BonDieu, les fils de Jacques Démos peinent, suent, se font massacrer, se dévorent entre eux pour la plus grande félicité des Ventres prépotents qui leur jouèrent le tour du suffrage souverain. Partout, qu'ils lapent la cervoise au salicylate ou qu'ils lampent le vin à la fuchsine, maintenus par ces grands électeurs internationaux : les frères Mastroquet, les Prolétaires s'imaginent volontiers être libres. Ebahis et bafoués, contents du droit qu'on leur concéda de choisir leurs suceurs, fiers de déposer tous les quatre ans un bout de papier dans un pot suspect, heureux aussi d'apprendre à tuer sous le haillon tricolore — bleu de choléra, blanc de famine, rouge de sang frais — totem de la tribu, non seulement ils nourrissent, ils habillent, ils gobergent, ils gardent de malaventure les Adipeux qui les chevauchent sous couleur de protection, mais encore ils réclament de nouveaux Honorables à respecter et à chérir pour que demeure inébranlée cette étable à citoyens : l'Etat. Et pourtant quelle masse indigeste ne supportent-ils pas déjà ! — D'abord la Gouvernance extraite de deux cages à anthropopithèques où tout Gorille qui sait simuler, grimacer, glapir de façon supérieure a sa place marquée : les élus parmi les élus. Au sommet, le Délégué aux représentations et facéties. Son rôle est simple : manger, trimbaler, comme une vache sa sonnaille, un morceau de soie rouge au bout duquel pend une amulette, égrener la collection des sourires officiels, promener sa viande avariée parmi des nuées de coupe-coupe, exhiber les beautés du régime médiocrate aux regards humbles des éclopés qui finissent de crever de faim dans les hôpitaux, aux regards hébétés du bétail à guerre qui s'automatise sous les Porte-Plumets, répéter le discours émollient en usage depuis qu'il existe des rois, des empereurs et des présidents de république. Et puis ? Manger encore. Quand on a suffisamment vu la tête de ce comparse, en général stupide et gras, on le change, après des palabres hurlantes. Parfois aussi — rarement — un Irrespectueux le saigne. — Sous lui le conseil des Sinistres met en mouvement la machine à pressurer et la machine à respects. Il y a le Répartiteur des taxes et rapines, l'Ordonnateur des préfectures et coups de trique, le Contrôleur des bavardages et finauderies diplomatiques, le Gardien des gris-gris judiciaires, le Grand-Maître de l'abrutissement civique, le Propulseur des filouteries coloniales, le Régulateur des archevêques et talapoins, le Tapeur des tams-tams industriels, l'Archi-Côme des bagnes flottants, le Kaïmakan des massacres et pillages. Flanqués du valet de chiens qui dresse les meutes policières, des Hauts-Guerriers à plumes blanches et à plumes noires qui triturent la chair à meurtres, des tas d'immondices recouverts de rouge qui fermentent derrière le comptoir d'iniquité, encensés pour le compte du Manitou par les Jupons-Violets que style à ces fins M. Pecci-Vatican, grand Lama des latrines confessionnelles, ils opèrent au nom de la légalité — *instrumentum regni* disait Tacite. Exaltant ce sanhédrin, léchant les fesses pharisiennes, ces chiffonniers de la pensée, ces collecteurs de mensonges, ces marchands du Temple dans tous les sens du mot que sont les gens de presse soufflent dans la trompette fausse de la grande putain Renommée les louanges de la caste qui leur dispense la provende.

Cependant les fils de Démos écoutent avec surprise ces fanfares stridentes. Puis, le crâne déformé dès l'enfance sous prétexte d'instruction, gavés des respects les plus compacts, en extase devant de si belles et clinquantes institutions, ils tâchent de marcher — puisqu'ils se croient libres. Naturellement, entravés de cent ficelles, au premier pas, ils tombent sur le nez. Alors ceux de la Gouvernance leur disent : « Nos petits amis, vous voyez bien que vous n'êtes pas assez raisonnables pour marcher tout seuls. Nous allons donc vous mettre des lisières — et nous vous protègerons à tour de bras. Mais comme toute peine mérite salaire, vous travaillerez pour nous et vous nous paierez de nos soins. » Et les fils de Démos travaillent et ils paient. Ils paient le grand Chef-Gras qui porte une amulette et de la soie rouge ; ils paient les machinistes sinistres et les gorilles de la cage suprême ; ils paient les taxes et les rapines et les coups de trique ; ils paient pour naître, pour boire, pour manger, pour dormir, pour mourir, pour massacrer et pour qu'on les massacre, pour qu'on les saoûle et qu'on les abrutisse. Et non seulement ils paient pour avoir le droit de vivre, mais encore ils entretiennent quiconque acquit par vol, emploi, héritage ou astuce le privilège de tirer sa substance d'autrui : le baron Ghetto, le patron, l'actionnaire, le fonctionnaire et tous les suceurs subalternes. Si parfois, las de porter la Pieuvre, ils se regimbent, on leur déclare qu'ils sont libres de ne plus travailler. S'ils ne travaillent plus, ils crèvent cependant que les caméléons du socialisme *leur font voir des couleurs*. De loin en loin, l'un se fâche sérieusement et frappe à mort ses bons protecteurs. Pour lui prouver qu'on ne doit pas tuer, on le guillotine.

N'importe, alors que presque tous sont conformes au type Gros-Mangeur ou au type Petit-Mangé, du sein même de l'espèce, la nature suscite un type nouveau en opposant à la majorité adaptée au milieu, mue par les instincts ancestraux, le caractère variabilité chez quelques individus. Ces non-conformes, en réaction contre leur race et leur parenté, ces dispersifs chez qui prédomine la force centrifuge assurent l'évolution sans laquelle l'espèce s'abolirait par stagnation ou par régression. Çà et là un fou, un impudent, un homme libre enfin surgit. Il s'entête à dire sa pensée, si blessante pour les conformes, à vivre sa vie trop colorée parmi les grisâtres, à soulever le voile sous lequel les Dirigeants dissimulent leurs sales mystères : la haine vorace du riche contre le pauvre, la peur envieuse du pauvre devant le riche. Car il ne lui suffit pas à ce lucifère d'être libre en soi. Un sentiment nouveau, très faible encore — depuis tant de siècles de lutte ! — chez la plupart des individus moulés sur le type courant, très fort chez lui qui est marqué pour l'évolution lui montre jusqu'à l'évidence : que les divers éléments du corps social sont solidaires au même titre que les organes d'un animal ou d'une plante entre eux. Comme il souffre de la laideur et de la souffrance d'autrui, il crie son tourment, il offusque, il lèse l'apathie et l'égoïsme des gouvernants et des gouvernés. Tout homme pourtant, parmi tant de bêtes, il apparaît un monstre puisqu'*il fait ce qu'il veut*, puisqu'il découvre l'antique horreur où se cantonnent ses frères... Crime inexpiable dans une société dont le mot d'ordre est : « Gardons les apparences. »

Les sépulcres blanchis couvrent la plaine, éclatent en candeur sous le soleil impassible — le soleil *qui en a vu bien d'autres*. Des badigeonneurs de tombeaux, des moralistes estampillés vont de l'un à l'autre, rafraîchissant le crépi, fignolant des épitaphes : ici, l'honneur en légions, là, l'austère désintéressement, plus loin, la sainte démocratie. Et ils brandissent leurs pinceaux et ils s'exclament : « Quels beaux monuments ! » Survient un brutal qui balafre les inscriptions, jette au vent les couronnes d'immortelles, défonce à coups de pied ces réceptacles de fausse virginité. La puanteur des morts s'en échappe, des sanies coulent. Et le violateur sacrilège des Apparences disperse autour de lui, étale à la face des nécrophores béants des os qui s'effritent, des lambeaux de chair purulente, des cœurs et des cerveaux mangés aux vers en criant : « Voici votre honneur, voici vos vertus, voici vos Craties crasseuses ! » On l'emprisonne à moins qu'on ne le lapide.

Tel Zo d'Axa. — Un journal parut, un fouet où des grelots tintaient en fous rires sanglotés claqua, fouailla magistrature et législature, Hautes-Brutes des états-majors et Bas-Filous des banques, dirigeants et dirigés, marqua de rouge le derrière obscène de la Bourgeoisie. L'EN-DEHORS fut qui fit valser les toupies qu'on respecte sous des lanières d'étoiles. Zo d'Axa, cet homme bizarre, content d'être lui-même, sans étiquette de parti, sans accointances politiques, cet anarchiste hors de l'Anarchie réglait la danse. Une telle audace ne se pouvait tolérer longtemps. Des magistrats érigés comme une vermine sur une lèpre pédiculaire sévirent : amendes et mois de prison de pleuvoir. Bientôt, par mesure de sûreté générale, d'Axa fut arrêté une première fois, la maison du journal saccagée et pillée par une bande d'argousins. Nullement démonté, le fondateur de l'ENDEHORS comparut devant un stercoraire subalterne chargé, sous le titre de juge d'instruction, d'embrener les malchanceux et les révoltés dont on jonche son fumier. Et quels griefs invoquait-il ce défenseur de la Société ? Voici : d'Axa n'avait pas craint d'ouvrir une souscription destinée à venir en aide aux femmes et aux enfants des compagnons détenus ou assassinés. Ces femelles et ces petits d'anarchistes crevaient de faim, mis au ban par la foule imbécile. Cela était bien, cela était juste ; la morale publique se manifestait solennelle. Mais voilà qu'un individu, suspect déjà du crime de pensée, se permettait de secourir ces faméliques !

« Vous expédiez de l'argent à des familles sans aveu, dit le juge. C'est concluant. Qu'avez-vous à répondre ?

— Rien ! »

Sur quoi le magistre : « Nous, Mâchemerde, juge d'instruction au tribunal de première instance, mandons et ordonnons à tous agents de la force publique de conduire en la maison d'arrêt de Mazas Zo d'Axa, 27 ans, inculpé d'association de malfaiteurs. »

Pourtant, au bout d'un mois, on mit d'Axa en liberté provisoire. Au grand dépit de la magistraille, la turbine à condamnations inaugurée en juillet 1894 ne fonctionnait pas encore. D'ailleurs les jours de prison infligés au révolté pour d'antérieurs outrages à diverses institutions macabres telles que l'armée suffisaient pour le moment. On verrait plus tard. Malheureusement d'Axa aime trop l'air libre. Sans attendre une nouvelle incarcération, il s'enfuit à Londres. — Et alors commença une étourdissante Odyssée...

Qui donc prétendait que la police ignore son métier, qu'il est difficile, presque impossible d'arrêter un délinquant en fuite à l'étranger s'il sait bien se cacher? Nous avons vu des personnages considérables dans la Gouvernance grimper au juchoir du Pithéquon parlementaire pour déclarer que M. X. ou M. Z. voleurs selon le rite rotschildiaque, réfugiés on savait bien où, restaient insaisissables. A les entendre, rien de plus complexe, rien de plus délicat que l'arrestation d'un malfaiteur hors frontière. Cependant Zo d'Axa fut pris et voici comme. Londres l'ennuya. La rigidité fourrée de tartufisme des Anglicans l'excédait. En outre, maints mouchards ne cessaient de lui renifler aux talons. Il s'embarque pour la Hollande, fraternise en route avec des musiciens ambulants. Arrivé, il se fait admettre sur un chaland qui, chargé de denrées, remontait nonchalamment le Rhin jusqu'à Mayence. Des journées douces commencèrent. D'Axa, le buveur de sang, l'effroi de M. Gogo et de M. Gaga, l'excommunié de M. Bertrand des cours d'assises et de M. Macaire des législatures, se grise d'air pur, s'offre des ribotes de paysages, vit une vie cordiale parmi les bons mariniers, gens simples qui dirigeaient le chaland : d'infâmes Teutons pourtant, ô Coppée-Déroulède. Mais ce d'Axa pousse l'indifférence en matière de patrie au point d'ignorer les rancunes nationales. Des semaines coulent, les seules paisibles durant son étrange voyage, où le chant des filles du Rhin remplace pour lui le croassement des juges et le grincement des verrous de Mazas. Débarqué, d'Axa gagne la Forêt noire. Il se terre sous bois dans la société de bûcherons. Puis la nostalgie d'autres cieux le prend : il passe en Italie. A peine arrivé à Milan, les policiers envahissent sa chambre d'hôtel et l'arrêtent. On le mène à la Questure. Et comme il demande la cause de son incarcération, on lui répond : « Vous êtes le rédacteur de l'ENDEHORS. » L'inquisition française avait prévenu l'inquisition italienne. Mais comme le fait d'avoir rédigé un journal désagréable à nos prépotences, ne suffisait pas pour motiver une extradition, on décide de conduire d'Axa, sans jugement, à la frontière autrichienne. Les menottes aux mains, il traverse entre deux estafiers toute l'Italie du nord. « Le cinquième jour, dit-il, délivré de l'escorte répugnante, débarrassé du cabriolet perfectionné, je passai la frontière les mains bleuies par les fers. » A pied, il gagne Trieste où des compagnons lui font fête. Cependant le territoire de l'apostolique Autriche est peu sûr pour un fauteur d'esprit libertaire. Et puis la Grèce l'attire car ce malfaiteur est un passionné d'art et de larges horizons. Il s'embarque pour le Pirée et, sur le bateau, se lie d'amitié avec une quinzaine de jeunes Italiens qui fuient le service militaire. Là, comme partout, il sème la parole d'affranchissement. — Il arrive à Athènes sans un sou. Impossible de se loger à l'hôtel. Alors, comme la saison est douce, il se gîte dans les ruines du Parthénon. Et ce sont de radieuses nuits passées à rêver un rêve de beauté, des aubes éclatantes à mirer la campagne blonde qui frissonne aux flancs de l'Hymette, à ouïr le murmure lointain des flots harmonieux qui baignent Salamine. Quelque argent survient ; d'Axa s'embarque de nouveau et se rend à Constantinople. Tandis qu'il parcourt insoucieusement la ville, ses allures capricantes attirent l'attention sur lui. On le prend pour un espion russe, on l'arrête ; et il a grand peine à établir sa qualité de Français en rupture de nationalité. Dès lors il est épié, dénoncé au consul. Craignant pour sa liberté, il reprend la mer. En route vers Jaffa ! Or il est signalé à toutes les Echelles du Levant et jusqu'à Alexandrie. Ordre a été donné de l'arrêter partout où il débarquera. A Jaffa, dès qu'il met le pied sur le môle, il est appréhendé par une douzaine d'individus à turban qui le garottent et, sans autre explication, le conduisent à l'hôpital français où, en présence de deux missionnaires catholiques requis comme témoins, il est interrogé par un noiraud porteur d'une toque brodée d'or et d'un fouet à chiens qui lui déclare en petit nègre : « Moi consul de France arrêter vous. Vous très méchant. » On s'explique. D'Axa goguenard apprend qu'il est saisi au corps en vertu des Capitulations c'est-à-dire d'un traité conclu, vers 1530 entre le Grand-Turc et François Ier. Splendeurs de la légalité !... On enferme d'Axa dans une chambre basse de l'hôpital. Il ne se résigne pas. Par une nuit pluvieuse, il démantibule son lit de fer, s'arme d'une tringle, et agrandit le trou par lequel passe le tuyau du poêle. Le trou praticable, il saute dehors, franchit un mur et se sauve à toutes jambes sur la route de Jérusalem. Il ne va pas bien loin. Déjà une bande hurlante de drogmans, de mamelucks et de janissaires lui court aux trousses ameutant la ville. D'Axa se réfugie dans une maison où un Juif à lunettes cloue des caisses et il prie qu'on le cache. Mais le Juif : « Moi consul britannique. Avez-vous de l'argent ? » D'Axa n'en avait pas. Il est repris, roué de coups, ficelé comme un ballot et transporté à bord d'un paquebot en partance pour Marseille. Mis aux fers, attaché à une barre sur le pont, D'Axa vogue vers sa douce patrie. Les passagers l'insultent, crachent sur lui tandis que, gardant intégrale cette robuste gaieté qui est une de ses forces, il leur répète : « J'ai coupé une vieille femme en treize morceaux et cela m'a donné la migraine. » Sur quoi, un bourgeois furibond se jette sur lui, d'un grand courage puisqu'il est enchaîné, en beuglant : « A l'eau l'Anarchiste ! »

On a grand'peine à écarter ce furieux. Arrivé à Marseille d'Axa est immédiatement abordé par deux familiers de la Sûreté dont l'un lui déclare que les formalités nécessaires pour son arrestation à Jaffa n'ayant pas été remplies « cela ne compte pas » — il est libre. D'Axa fait un pas. Alors l'autre pendard lui met la main au collet et lui apprend que, vu ses condamnations antérieures, il est prisonnier... Surspiendeurs légales. — On transporte d'Axa à Paris. On l'écroue à la prison de Sainte-Pélagie. Ses condamnations purgées, il va être remis en liberté le jour même où se déroule une cérémonie bouffonnement mémorable. Tandis que d'Axa *trimardait* en Europe et en Asie, un certain Carnot, homme en vue, avait été poignardé par suite d'un *contre-coup* assez — logique. Ses acolytes qui de son vivant le traitaient volontiers d'imbécile décoratif, une fois qu'il fut mort jugèrent à propos de le mettre pourrir au Panthéon à côté de Victor Hugo, poète autrefois, aujourd'hui Manitou accessoire. On procédait, parmi force loques voyantes et tams-tams battus, à cette opération, lorsque d'Axa risqua un pied hors de la prison. Evidemment il eut été sacrilège de souffrir qu'en une circonstance tellement solennelle, un malandrin pareil souillât de sa présence révoltée le pavé de Paris. Le guet attendait d'Axa et, dès la porte franchie, s'empara de lui. On l'emmena au poste. Ne recevant aucun éclaircissement touchant cette « légalité » inattendue, d'Axa profita d'un moment d'inattention de ses gardiens pour sauter par la fenêtre et s'enfuir dans le jardin des Plantes. Poursuite mouvementée. Une foule braillarde, digne sans doute de remplacer derrière leurs grilles les animaux du jardin, se joint aux policiers. Un mahoustre quelconque saute à la gorge de d'Axa et le remet aux mains de l'autorité. D'Axa est quelque peu « passé à tabac », puis enfermé avec plus de soin et transféré le soir au Dépôt. Le lendemain, on le relâche sans autre explication. Depuis il est libre. — Pour combien de temps ? (1)

Il n'était pas oiseux de résumer à grands traits ces épisodes de l'existence d'un homme libre à la fin du XIX⁹ siècle. Divers enseignements en découlent. Celui-ci d'abord : le fait, pour un novateur, de publier sa pensée l'expose aux pires avanies sous la médiocratie comme sous les aristocraties périmées. Plus sournoise, moins franche en ses rancunes, moins nettement cruelle parce que moins courageuse et moins persuadée de sa légitimité que les régimes de droit divin, la caste dirigeante procède dans ses vengeances selon la plus détestable hypocrisie. De par elle, la société tapie derrière ses codes, ses procédures et ses traités étouffe l'individu avec des formes affreusement douceâtres. Si l'individu réagit violemment, elle le supprime presque en cachette. Dans le cas de d'Axa, il s'agissait d'un délit de presse ; il fut traqué comme une bête puante mais enfin il recouvra sa liberté. Hasard heureux. Autre fut, par exemple, le cas de Cyvoct. Condamné à mort pour un article *qu'il n'avait pas écrit*, relégué par grâce au bagne perpétuel, il agonise très loin silencieusement. La royauté brûlait les livres de Rousseau par la main du bourreau — elle laissait le Genevois grognon s'en aller de France à son loisir. La Bourgeoisie se fût fort récriée, naguère, si on lui eût proposé de brûler le livre de Grave. Seulement elle le met au pilon, en interdit la réimpression et incarcère Grave.

C'est pour que le bon plaisir des Gros-Ventres revête cette souquenille d'Arlequin : la Loi, c'est afin d'assurer une heureuse digestion au Propriétaire et au Financier que les fils de Démos ont jeté bas la féodalité guerrière et religieuse.

Les Gouvernances ont su instaurer un état social ou salariés, électeurs et contribuables, serfs de tout poil, dupes de

---

(1) Ses aventures, d'Axa les a racontées en un livre allègre : *De Mazas à Jérusalem* (1 vol. chez Chamuel).

tout acabit, bûches de tout bois s'abatissent, se consument et
s'exterminent afin que prospère et triomphe le privilège des Pharisiens. Mais malgré tant d'iniquités crues immuables, l'évolution
commence qui mènera l'espèce de la sauvagerie à la civilisation.
En dépit des parades fanfaronnes où se dépensent ses souteneurs, la Société se décompose, se liquéfie lentement dans son
ordure. Purulente du haut en bas, radoteuse et pleurarde, vieille
fardée qui se sent pourrir, elle se retourne vers ses Bons-Dieux
défunts. Bêlante d'effroi devant le fantôme de sa fin prochaine,
elle appelle à son aide le Porte-Sabre et le Porte-Fétiche, le
tueur du corps et le tueur de l'âme. Puis aussi, çà et là, tandis
que les Grands-Chacals de toutes les tribus se concertent pour
dévorer le peu de viande qui reste sur les os de ces cadavres
ambulants: le bon citoyen et le loyal sujet, des Effarés allument
une lanterne fumeuse, écoutent en tremblant la bâtisse craquer,
cherchent à quelle épave se raccrocher parmi les ruines et les
détritus. Ils chuchotent, ils courent, ils pataugent dans le
sang répandu au nom de Dieu, au nom de la Loi, au nom de
la Patrie, ils trébuchent contre les têtes coupées et les membres
fracassés — ils s'accusent les uns les autres : » C'est toi le Politique qui nous vaut ce désastre ! C'est toi le Scientifique ! C'est
toi le Juif ! C'est toi le Chrétien ! C'est toi le Marchand ! » Et
tous à l'unisson : « D'où nous viendra le Sauveur ? » Un ironique
écho leur répond : « Imbéciles ! il fallait vous sauver vous-mêmes.
Vous êtes tous coupables — et il n'y a pas d'innocents. »

Or quelques-uns, aux yeux d'aube parmi cette ténèbre fangeuse où la Vieille se lamente ont vomi leur âme héréditaire. Issus
de toutes classes, joyeux car ils ne croient plus aux Dieux ni
aux Sauveurs, intrépides car ils croient en eux-mêmes, ils vont
répandant l'Evangile nouveau ; « Apprends à vouloir — fais ce
que tu veux. » Ils sont bien peu ; cinq ici, dix là, un seul parfois,
dispersés dans le monde entier, sans chef, *sans foi ni loi*, portant
un même cœur et une même pensée. Comme un rêve très haut
les illumine, comme ils vivent perdus dans leur idéal, comme ils
se rient des Chacals et des Effarés et qu'ils éclairent les Pauvres
qui tâtonnent les pieds englués dans la bourbe et l'âme pleine
d'une nuit séculaire, comme ils frappent les Satisfaits et les Inertes stupides, on les pend, on les fusille, on les décapite, on les

emprisonne, on les bâillonne, on les soufflette et on les vend. « Ce sont quelques fous » marmottent les Penseurs officiels. « Ce sont de dangereux bandits » aboient les Gouvernants. « Ce sont des diables ! » balbutie la foule épouvantée. Mais eux, tranquilles parmi les coups et l'écume et les outrages, ouvriers de la dernière heure, ils font leur besogne : ceux-ci sapent les murs de l'étable où croupissent leurs frères sauvages, ceux-là modèlent l'ébauche de l'homme futur. Tous travaillent, souffrent, se réjouissent pour une Beauté qu'ils ne verront pas. Par eux une fleur naît du fumier des siècles, par eux, une fois de plus, l'amour naît de la mort...

J'allais sur la route crépusculaire, dans la boue, sous la pluie fine et le brouillard. Les arbres dépouillés, pareils a des spectres fous, cliquetaient et ricanaient au vent. Des moutons galeux, pourchassés par des chiens presque enragés broutaient l'herbe rare des talus. La brume était si épaisse que le chemin semblait fermé de nuées à dix pas. Et la campagne, trouble et noyée, avait l'air toute pauvre... J'allais, je songeais à ces choses. Je pensais aussi de quel exemple ils sont ces Intrépides qui traqués de ville en ville, de pays en pays, gardent leur conviction et leur gaieté, bravent et humilient juges et polices, affirment leur vérité à la face des sociétés hargneuses et même dans les fers répètent : « Je suis libre. » — Un brouillard sale, transsudé par un monde pourrissant nous enveloppe. L'horizon prochain reste invisible. *La Bête règne.* N'importe ; il y a des hommes...

Un grand vent s'éleva soudain qui balaya le brouillard. Les nuées occidentales s'écartèrent. Enorme et sanglant le soleil jaillit, couvrit de pourpre la campagne. — Ainsi demain, tu luiras pour la ruine de la Bête, ô soleil rouge de la Révolution sociale.

III

PAUL VERLAINE

AUL VERLAINE fut un poète qui croyait à ce qu'il disait. A l'écart d'une troupe de virtuoses : les Parnassiens voués aux apparences, soucieux de sonorités verbales, exaltant de la même encre aujourd'hui le Boudha et demain Apollon, dignitaires de cet empire du Néant : l'Art pour l'Art, il écoutait la vie hurler, rire ou se plaindre dans son âme. Il ne choisissait pas les sujets de ses poèmes ; il était inapte à disposer froidement les parties d'une œuvre en vue d'un idéal préconçu ; l'objectif l'émouvait peu. Mais inconscient et magnifique ainsi qu'une force naturelle, il chantait ses vers *parce qu'il ne pouvait pas faire autrement*. « Je sens donc je suis » telle eut pu être sa devise. Et comme il sentait plus vivement que quiconque, comme chez lui la joie et la douleur allaient toujours au paroxysme, comme l'instinct le menait, et non la réflexion, il fut et il resta jusqu'à la fin l'étonné, l'impulsif, l'enfant barbare et charmant dont les jeux et les gestes, les colères et les repentirs nous ont valu l'œuvre poétique la plus haute de la fin du XIXe siècle.

Lorsque Verlaine débuta, l'Impassible régnait. Tout nourri de la sève romantique, agitant les rythmes comme des cymbales, il suivit les autres : il se mit à cette école où l'on apprenait à se méfier de l'émotion, à réfréner les strophes comme des compagnies de discipline. Mais un tel glacial castoiement ne pouvait longtemps le retenir. Dès les *Poèmes saturniens* c'est presque ironiquement, croyons-le bien, qu'il s'écriait :

Est-elle en marbre ou non, la Vénus de Milo ?

Puis, tandis que ses confrères — mal-frères, disait-il — se préparaient aux cénacles, aux Académies et aux écritures lucratives dans les papiers publics, tandis qu'ils célébraient pêle-mêle les phallus en émoi et le petit épicier, Ramollot et Cléopâtre, Tabarin et l'hypothénuse, la scatologie et le patriotisme, tandis qu'ils quémandaient la bénédiction falote du Père Hugo, Verlaine s'en alla tout seul par les chemins d'épines et de fleurs pour être le Pauvre. — Désormais il appartenait à l'hôpital, au couvent, à la prison et aux pavés adverses de la Grand'Ville sournoise.

Que faire ?... Rêver d'abord. Et voici que son rêve réfugié aux limbes bleus et roses d'un paysage fantômal et poignant se prit à chuchoter parmi les murmures d'un vent d'autrefois. Les Amants se poursuivent et se fuient, joignent leurs bouches, s'adorent puis se haïssent, gais par éclats et soudain si navrés car :

Ils n'ont pas l'air de croire à leur bonheur
Et leur chanson se mêle au clair de lune....

Dans ses *Fêtes Galantes*, Verlaine voudrait railler l'amour, cet amour qui le fera tant souffrir. Mais la tristesse l'emporte : il y a, semble-t-il, comme un pressentiment des angoisses futures dans le *Colloque sentimental* qui clôt le livre d'un sceau de larmes diamantines.

Ensuite la vie, pour mieux le leurrer, lui désigne un refuge. Ce sont les fiançailles ferventes et tout impatientes :

Donc ce sera par un clair jour d'été,
Le grand soleil, complice de ma joie,

> *Fera parmi le satin et la soie*
> *Plus belle encor votre chère beauté....*
>
> *Et quand le soir viendra, l'air sera doux*
> *Qui se jouera, caressant, dans vos voiles*
> *Et les regards paisibles des étoiles*
> *Bienveillamment souriront aux époux.*

La Bonne Chanson chuchote de laquelle Verlaine a dit : « C'est, dans le bagage assez volumineux de mes vers, ce que je préférerais comme sincère par excellence, et si aimablement, si doucement, si purement pensé ! » En effet l'étape lui fut exquise, blanche et or comme un reposoir avant la plus lourde des tempêtes. Il ne devait jamais l'oublier. Et quand la rupture eut lieu, quand le poète, accolé de ce diabolique Rimbaud, eut pris la fuite, toujours au fond de sa mémoire se lamentait le souvenir de la seule femme qu'il ait aimée. Mais les dés sont jetés ; Verlaine sera, pour tout l'avenir, le jouet de sa double nature : un enfant sensuel courant les routes sous le fouet des passions ; un enfant qui a *gros cœur* à cause de ses fautes et qui veut qu'on le châtie. Dans cet ouragan, passent, comme un carillon entendu de loin par un temps de pluie, les *Romances sans paroles* toutes dolentes et gracieuses :

> *C'est bien la pire peine*
> *De ne savoir pourquoi...*
> *Mon cœur a tant de peine.*

Après, voici la crise. A la suite d'une querelle sanglante avec son mauvais génie, Verlaine est mis en prison. L'isolement le rejette sur lui-même. Il ne peut plus disperser, comme hier, son âme inquiète à tous les vents. Il est surtout son propre captif. Et la mémoire l'obsède de tant de folies... Pour la première fois sa conscience s'éveille : il fond en larmes. Où se raccrocher parmi tout ce naufrage ? Malade de corps et d'âme, possédé de l'inquiétude d'aimer, il va vers l'enfance — il se réfugie dans la foi des ancêtres. Il demande pardon au Bon-Dieu comme il demanderait pardon à sa mère ou à sa femme si elles étaient là... C'est *Sagesse*, c'est son œuvre capitale, celle qui plus encore que toute autre lui assure la gloire. D'abord une splendide allégorie :

> *Bon chevalier masqué qui chevauche en silence,*
> *Le Malheur a percé mon vieux cœur de sa lance...*

Puis, avec une lucidité, une bonne foi qui ne furent jamais dépassées, il recense ses péchés, il se précipite tête baissée dans la prière. Quand il s'est soulagé, purifié, la grâce intervient. Visionnaire, extatique, le poète entend Dieu lui parler, lui pardonner, l'encourager au bien. Ici les citations seraient inutiles. Tout le monde — quiconque aime le Beau — a dans la mémoire ces vers ardents, trempés de pleurs, pareils à des feux blancs sur un autel. Les effusions, les regrets, les remords s'entrechoquent et aussi les repentirs balbutiés vers l'épouse et encore des paysages aux lignes calmes qui marquent bien, *cette fois*, des états d'âme. Enfin, la santé revenue, la liberté reconquise, l'âme crue forte à toute épreuve, voici l'hymne triomphant :

> *C'est la fête du blé, c'est la fête du pain*
> *Aux chers lieux d'autrefois revus après ces choses !*
> *Tout bruit, la nature et l'homme dans un bain*
> *De lumière si blanc que les ombres sont roses.*

Il est vraiment heureux que le catholicisme à l'agonie ait trouvé ce superbe épilogue : *Sagesse*. Tout l'art, toute la foi du Moyen-Age s'y sont fondus, réveillés, pour la dernière fois, en l'âme d'un poète qui ne savait même pas s'il était « né trop tôt ou trop tard. »

Parut ensuite, sous ce titre *Jadis et Naguère*, un recueil de poèmes plus anciens où s'entremêlent des récits burinés comme des eaux-fortes, des évocations de villes et de campagnes tout imprégnées d'un sourd malaise :

> *Despotique, pesant, incolore, l'Eté,*
> *Comme un roi fainéant présidant un supplice*
> *S'étire par l'ardeur blanche du ciel complice*
> *Et bâille. L'homme dort loin du travail quitté....*

> *Londres fume et crie. O quelle ville de la Bible !*
> *Le gas flambe et nage et les enseignes sont vermeilles*
> *Et les maisons dans leur ratatinement terrible*
> *Epouvantent comme un sénat de petites vieilles.*

Et ces miracles de rêve et de rythme : *Langueur, Art poéti-*

que, *Circonspection* dominés par *Crimen amoris* poème symphonique où la sensation et le sentiment pétris ensemble s'exhalent, comme les cent voix d'un orchestre, pour clamer l'incurable désir mélancolique du poète... Quelles images !

> *Et l'incendie alors hurla s'élevant,*
> *Querelle énorme d'aigles rouges noyée*
> *Aux remous noirs de la fumée et du vent....*
>
> *De froids ruisseaux courent sur un lit de pierre ;*
> *Les doux hiboux nagent vaguement dans l'air*
> *Tout embaumé de mystère et de prière ;*
> *Parfois un flot qui saute lance un éclair.*

Amour suivit. Verlaine, repris par la vie qui le tenaille et le pousse aux excès, tente de revenir aux jours de *Sagesse*. Il prie, il pleure, il se débat, il cherche à qui confier sa peine. Puis il se veut tout recueilli parmi la nature. Rappelons nous *Bournemouth*, *Un Veuf parle* :

> *Je vois un groupe sur la mer.*
> *Quelle mer ? Celle de mes larmes...*

Parsifal, *Louis II de Bavière*, la *Ballade* pour *Louise Michel* et surtout *Lucien Létinois* où le poète se cramponne de toute sa tendresse à une affection filiale.

Viennent enfin *Parallèlement* et *Bonheur*. Mais l'âme de Verlaine s'est obscurcie. Si l'on trouve encore dans ces deux recueils des poèmes comme *les Amies*, *les Mains* et *Prière*, la défaillance a commencé. Elle ne s'arrêtera plus. L'existence atroce a brisé enfin l'enfant vieilli. — Des volumes derniers il vaut mieux ne rien dire...

Il y a environ un an, je rencontrai Verlaine. Il était ce jour-là très grave et très sombre et il me demanda brusquement si j'aimais ses récentes productions. Je lui répondis : « Vous avez fait votre œuvre pour votre gloire et pour notre joie. Aujourd'hui, vous avez bien le droit de vous amuser.

— Ah ! s'écria-t-il, justement, *cela ne m'amuse plus de faire des vers*... car je ne considère pas comme tels les petites crottes que je ponds maintenant.

Il haussa les épaules et récita :

> *Lorsque tu cherches les puces,*
> *C'est très rigolo !...*

Quelles sottises !... Mais tout m'est égal. »

Hélas, le poète n'est-il pas mort en effet quand son art *ne l'amuse plus* ?... On dira peut-être qu'il était superflu d'insister sur les incidents de l'existence de Verlaine. Non. Si Verlaine était un *impersonnel* absent de son œuvre, un fabricant de mosaïques verbales ou un faux élégiaque flûtant de vagues tristesses, le reproche aurait quelque prétexte. Mais comment oublier l'homme en lui puisque sa poésie n'était que le commentaire de tout son être ? Verlaine a subi la fatalité de son tempérament : deux âmes primitives, un faune et un moine se disputaient sa vie, et son œuvre nous donne les clameurs et les gémissements de cette bataille. Chez lui, nulle volonté, nul raisonnement, mais une imagination prodigieuse — sa joie et sa torture — et des sens frénétiques : « J'ai la fureur d'aimer, disait-il, qu'y faire ? Ah ! laisser faire. » De là son *innocence* et de là son génie. Et pourtant un troisième mobile intervient. Malgré tous ses combats, tous ses désirs, toutes ses chutes, la nostalgie persistait en lui d'une vie paisible, en demi-teintes. Il ne s'est jamais consolé de son divorce ; partout dans ses vers, il revient au souvenir, parfois colérique, parfois souriant, de son mariage et de ses fiançailles. Même dans ce triste livre : *Confessions*, il s'attarde là, il se complaît à rappeler les seuls moments heureux qu'il connut. Il ne faut d'ailleurs ni l'en plaindre ni l'en louer. Apaisé, il nous aurait peut-être donné d'autres *Bonne Chanson* mais nous n'aurions pas *Sagesse* et *Amour*. — En somme, c'est la vie qui eut raison.

Comme tous les vrais poètes, Verlaine posséda la maîtrise du métier. Tôt débarrassé de l'influence de Baudelaire et de Leconte de Lisle, il affranchit sa technique des roides corsets où l'eussent engoncée les us parnassiens. Sauf dans ses dernières œuvres où le vers se disloque, se délite et se contourne, ses strophes sonnent droites et franches, disent exactement ce qu'elles veulent dire. La langue est forte, beaucoup plus *classique* qu'on ne le prétend d'habitude. Enfin il a inventé des combinaisons de rythmes nouvelles et, conférant à ses vers une souplesse et une fluidité sans exemples antérieurs, il a préparé l'émancipation actuelle. Il ne fut d'ailleurs nullement un chef d'école malgré telles pasquinades d'éphèbes peu motivés. Il se contentait d'être lui-même et se gaussait passablement des oriflammes décadentes. — La raison de la préférence que lui voua la jeunesse est celle-ci : alors que ses contemporains dégringolaient dans le journalisme, se claquemuraient dans la cryptographie ou produisaient des choses *bien faites* à coup sûr mais si peu prenantes, il nous révélait *une nouvelle manière de sentir la vie*. Ce mérite suffit. Et il suffit si bien que devant sa tombe, un rimailleur disqualifié déclara, en un accès de sincérité fort inattendu, qu'il donnerait volontiers ses affiquets, ses crachats, ses titres et sa notoriété pour connaître l'affection et l'admiration dont nous entourions le pauvre Lélian...

Or c'est la jeunesse *seule* qui instaura la gloire de Verlaine. Les gens de presse et ceux qui débutèrent avec lui accueillaient du plus profond silence la publication de ses livres. Mais nos revues n'ont cessé de le défendre, de l'exalter et de lui rendre le tribut de justice auquel il avait droit... Aussi de quel ironique mépris nous avons été empoignés en mirant la tourbe d'antiques fantômes parnassiens qui se rua sur son cercueil et l'embrena de babillages hypocritement pleurards... Ils poussèrent plus loin l'effronterie. On vit leurs domestiques, profitant de l'actualité-Verlaine, rappeler dans les feuilles qu'en même temps que *Fêtes galantes* et la *Bonne chanson* paraissaient des poèmes de l'illustre Untel et du fameux Machin. — O voleurs de cadavres doublés de saltimbanques!...

Mais toute colère est superflue. Ces vieilles étoiles exhibées sur des tréteaux quotidiens et suspects par de louches industriels sont grasses, complaisantes, applaudies et décorées. Elles auront à leur enterrement les Académies, les bataillons en grande tenue, les délégations des cinq parties du monde et de pleins pots de larmes officielles. Ensuite, dès le lendemain, autour de leur mémoire, le silence des cimetières abandonnés.

Et, cependant, l'œuvre de Verlaine vivra, belle à jamais.

IV

DES MORTS

LORSQU'UNE société arrive au terme de son évolution, lorsque les divers éléments qui la constituent ont pris un caractère d'uniformité tel que l'adaptation excessive au milieu soit la règle et la personnalité, même infime, l'exception, l'inertie s'établit et les individus pourrissent. Les uns répètent aujourd'hui le geste qu'ils faisaient hier, remâchent les mots ternes, symboles de pensée rudimentaire que leur apprirent leurs dirigeants, obéissent aux notions imposées leur fussent-elles nocives, craignent de se distinguer, adorent en l'enviant le bâton qui les frappe, croient au Maître. Et d'avantage, s'ils cherchent, après quelles hésitations, un palliatif à ce Maître et à ce bâton, c'est à l'image de l'organisme social dont ils souffrent qu'ils tentent de nouveaux groupements. Ils ne s'arrachent d'une des gueules de l'Autorité que pour se jeter dans la gueule voisine. Energie, volonté, initiative, beaux jardins aux mille fleurs où ne règne pas l'hydre les ignorent, car bassesse, respect, servitude séculaire, marécages infects les retiennent. Ils sont le grand nombre.

Les autres, bénéficiaires d'un lourd privilège, contents du système qui leur permit de détourner à leur profit le bien commun, prennent aujourd'hui comme ils prirent hier, s'acagnardent dans leur usurpation, changent les formes et gardent le fond. Imbéciles et béats comme des dieux, la laideur d'autrui les réjouit, leur propre laideur les ravit en extase. Ils veulent conserver. S'ils le pouvaient, ils diraient à la terre : « Arrête-toi ! » — Ils sont les élus.

Les uns et les autres sont très méchants, très bêtes et très malheureux. Méchants car ils ne s'aiment pas entre eux ; bêtes car toute invention, au sens primitif du mot, les courrouce ; malheureux car une obscure conscience de leur bêtise et de leur méchanceté les tourmente.

Or du fait de ce croupissement produit par le manque de caractère et l'influence continue du milieu néfaste, l'espèce dégénérerait très vite si des individus violents suscités par l'excès même de la souffrance et de la vilenie ne réagissaient contre la stupeur universelle, s'ils ne donnaient l'impulsion pour une évolution différente. Ceux-là croient en eux-mêmes. Energiques, volontaires, *exagérés* dans le sens de l'action, ils voient présent sans cesse aux yeux de leur esprit l'idéal de beauté qu'ils conçurent. Le milieu, loin de les déprimer, les exalte. Ils réveillent les inertes : ils répandent la vie en donnant la mort — et ils meurent eux-mêmes, désintéressés, en jetant à la face de tous leur sang fécond. Au sens *absolu*, ils sont des héros et des martyrs puisque une Idée leur valut un rêve radieux et la force de se sacrifier pour elle....

Tels apparaissent aux intellects réfléchis, soucieux de fixer la mentalité de l'époque ces hommes d'exception, ces avertisseurs : Ravachol, Vaillant, Emile Henry, Caserio. Un livre, des papiers sont là où nous pouvons retrouver — pourvu que nous soyons capables d'analyse sans parti-pris d'apologie ou de condamnation — leur témoignage, les mobiles qui les déterminèrent et l'histoire de leur passion. (1) —

---

(1) DE RAVACHOL A CASERIO, *notes et documents*, par M. Henri Varennes (1 volume chez Garnier). — *Compte-rendu sténographique des procès anarchistes* (inédit).

Entrons donc dans ces âmes tragiques.

J'ai dit tout à l'heure que les violents désintéressés étaient des héros. L'un, en effet, implique l'autre. Si nous étudions avec curiosité, parfois même avec une sympathie qui relève de l'esthétique tels individus audacieux, pénétrés de la valeur de leur Moi au point de lui subordonner tout autrui, de ne vouloir connaître et de ne connaître réellement que leur gloire et leur intérêt, comment ne goûterions-nous pas ceux qui, doués au même degré d'énergie et de volonté, agissent en oubliant leur Moi ou plutôt en ne le percevant plus qu'à travers le malaise d'autrui ? D'Alexandre incendiant Persépolis pour se prouver sa toute-puissance ou d'Hercule faisant dévorer Diomède par ses propres chevaux nourris de chair humaine, à qui donnerons-nous la préférence ?... Pour moi, j'aime mieux Hercule. Le vrai héros, c'est parfois un illettré, un sensitif mû par des émotions dont il ne se rend pas complètement compte ; c'est toujours un généreux, indifférent à sa sauvegarde dès qu'il voit les autres souffrir l'injustice. On peut le blâmer, le haïr même : on ne peut pas le mépriser.

Dans le cas des guillotinés d'hier, nous trouvons ce parfait désintéressement, marque d'une conviction entière. Ravachol viole un tombeau pour nourrir avec les bijoux qu'il croit y trouver la famille qui l'avait recueilli affamé et malade. S'il dépose des bombes chez des magistrats, c'est afin de venger des compagnons — inconnus de lui — que la police avait affreusement maltraités. — « J'ai commis mes actes, dit-il devant le tribunal, 1° parce que M. Benoît a été trop partial en jugeant Decamp et les amis. Le jury avait demandé le minimum. 2° Aucune attention n'a été prêtée aux mauvais traitements subis par eux au poste de police de Clichy. Ma vengeance s'est portée sur MM. Bulot et Benoît à cause de cela, mais j'ai voulu faire comprendre à tous ceux qui sont chargés d'appliquer la justice qu'il faut qu'ils soient plus doux s'ils veulent qu'on soit meilleur à leur égard. Les victimes innocentes que mes actes ont faites, je les regrette, moi qui n'ai connu de la vie que ses amertumes. »

Vaillant crut que la responsabilité de notre état social revenait surtout aux parlementaires. Il ne tua personne. Et pourtant ces mêmes parlementaires voulurent âprement sa mort, sans tenir compte qu'une telle impitoyable rancune appelait presque fatalement des représailles sur la tête de celui qui aurait la faiblesse de signer la sentence. C'était la loi du talion : pure sauvagerie de la part d'une société soi-disant civilisée où des leçons de mort sont données journellement par ceux même qui se targuent de mœurs inoffensives. Et pourtant Vaillant leur avait dit : « Il y a trop longtemps qu'on répond à notre voix par la prison, la corde et la fusillade. Ne vous faites pas d'illusions : l'explosion de ma bombe, ce n'est pas seulement le cri de Vaillant révolté mais bien le cri de toute une classe qui revendique ses droits et qui bientôt joindra les actes aux paroles. »

Emile Heury est plus complexe. Exaspéré par la persécution sans merci dont fut suivi l'acte de Vaillant, considérant la foule aveugle qui laisse faire, salue et vote comme aussi coupable que ses dirigeants, il frappa les premiers venus. Nul plus nettement que ce logicien glacial ne posa l'antagonisme entre les révoltés et les satisfaits : « Mais pourquoi, direz-vous, aller s'attaquer à des consommateurs paisibles qui écoutent de la musique et qui peut-être, ne sont ni magistrats, ni députés, ni fonctionnaires. Pourquoi ? c'est bien simple. La bourgeoisie n'a fait qu'un bloc des anarchistes. Un seul homme, Vaillant avait lancé une bombe : les neuf-dixièmes des compagnons ne le connaissaient même pas. Cela n'y fait rien. On persécuta en masse. Tout ce qui avait quelque relation anarchiste fut traqué. Eh! bien, puisque vous rendez tout un parti responsable des actes d'un seul homme et que vous frappez en bloc, nous aussi nous frappons en bloc.... Il faut que la Bourgeoisie comprenne bien que ceux qui ont souffert sont enfin las de leurs souffrances : ils montrent les dents et frappent d'autant plus brutalement qu'on a été plus brutal avec eux. Ils n'ont aucun respect de la vie humaine parce que les bourgeois eux-mêmes n'en ont aucun souci. »

Caserio, un Simple replié sur soi-même, ne comprit qu'une chose : « Les bourgeois, dut-il se dire, nous tuent quand ils le peuvent, je tuerai donc leur représentant suprême au milieu d'une fête. » Que s'est-il passé dans l'âme de ce jeune homme hanté par des fantômes sanglants, écoutant son rêve terrible lui chuchoter à l'oreille des conseils fatidiques ? Question poignante quand on sait qu'il lisait et relisait ces sombres vers des *Châtiments :*

HARMODIUS

Quoi ! le frapper la nuit, rentrant dans sa maison !
Quoi ! devant ce ciel noir, devant ces mers sans borne !
Le poignarder devant ce groupe obscur et morne,
En présence de l'ombre et de l'immensité ?

LA CONSCIENCE

Tu peux tuer cet homme avec tranquillité...

Pourquoi ai-je rappelé ces morts ? A quoi bon réveiller dans leur sépulcre ces meurtriers qui sont aussi des victimes ? Pour cette seule raison-ci : la Bourgeoisie ne veut pas admettre que quiconque tue, apprend aux autres à tuer, se voue lui-même à subir la violence. Infatigablement, sous couleur de patrie, mais en réalité pour maintenir son privilège, elle enseigne le culte de la mort. « Voici des armes, prêche-t-elle aux enfants, apprenez à vous en servir le mieux possible de façon à supprimer autrui s'il habite de l'autre côté de la rivière et s'il ne parle pas le même langage que vous. » Bien plus, ces Maîtres exultent quand leurs chimistes leur découvrent un nouvel explosif capable de détruire d'un seul coup des centaines d'hommes. Puis ils s'étonnent, ils hurlent d'épouvante lorsque appliquant leurs propres leçons, ceux qui les tiennent pour ennemis les frappent comme ils ont frappé leurs frères...

Il ne faut pas tuer. Mais si les circonstances sociales s'affirment telles que la guerre soit la règle des rapports entre humains ; si les uns, instruits, conscients, parlant de fraternité, tuent par instinct bestial ou par avarice et prospèrent ; si les autres tuent et meurent afin d'avérer la justice, je dis que les premiers sont des barbares hypocrites, inaptes à conformer leurs actes à un idéal meilleur et les seconds des Dévoués qu'un rêve de beauté mène pour le bien de l'espèce. — Je comprends ceux-ci ; je crache sur ceux-là.

V

UN AMATEUR

E temps est venu des solitudes frénétiques où des poètes s'exaltent à la stérilité. L'Impuissant règne qui promulgue, parmi de minces fumées de pipe, la merveille du rien-faire, la gloire de se juger trop hautain pour la besogne de vivre. « A savoir s'il y a lieu d'écrire ? » interroge-t-il entre haut et bas. Et les Accroupis, tassés en extase autour de lui, disent non d'un branle de tête languide. « Pourtant si nous nous résignons, par hasard, à cette erreur, reprend le Maître, que ce soit pour un bref poème de toute musique, une faible notation violant à peine la candeur du papier, un fragment quintessencié d'émotion fragile afin que s'avère notre inaptitude délicieuse à finir. » Tous approuvent.... Puis le silence tombe où plane l'ange des Nullités, où prend corps, pour un instant, l'âme d'Origène. — Forissus du sanctuaire, les disciples s'installent au plus creux de la doctrine, élèvent leur Tour d'ivoire, se tripotent aux fins de sérénades à soi-même et font miauler le Verbe en le chatouillant d'une molle barbe de plume. Mais le Verbe est un tigre qu'il faut dompter parmi les rumeurs acclamantes ou rebelles de la vie, un fauve qui méprise les stylites et leurs appels grelottants. Laissons donc ces énervés qui se risquent bien jusqu'à jouer avec la Muse le jeu de la petite oie mais qui ne pourraient lui planter un enfant. Produire, c'est la marque des

forts, s'intéresser à tout, le devoir du poète car *tout* est intéressant et non pas seulement le carillon que tintent les mots entrechoqués. D'ailleurs, l'art de traiter la grammaire comme une ennemie personnelle et d'ennuager de métaphysique médiocre les plus prétentieuses des banalités compte peu d'adeptes. Même, les écrivains de notre génération qui se croient tenus à quelque déférence envers l'extrême Parnasse n'en prouvent pas moins par leurs œuvres que les maximes débilitantes du Paralogue mystérieux ne les influencent guère. Quant aux professionnels des plaquettes rares et subtiles où s'enclosent, soi-disant, les rêves de toute une existence, il est sain de leur préférer tels amateurs qui s'épanouirent, en une fois, par des proses et des vers impétueux pour se détourner ensuite et à jamais vers d'autres mobiles de vie : Arthur Rimbaud par exemple.

Cet étrange éphèbe, méchant à coup sûr, désordonné mais débordant de sève, alla, de quinze à dix-sept ans, au paroxysme de l'émotion lyrique. Puis ayant épuisé cette veine anormalement précoce, il se jeta dans les aventures, oublia tout à fait les choses littéraires et mourut à trente sept ans, négociant en esclaves et en poudre d'or, en se répétant ces vers de *Sagesse* :

> *Qu'en dis-tu, voyageur, des pays et des gares ?*
> *Du moins as-tu cueilli l'ennui puisqu'il est mûr,*
> *Toi que voilà fumant de maussades cigares,*
> *Noir, projetant une ombre absurde sur le mur ?*

Celui-là, son tempérament lui créa son destin : météore brusque au ciel de l'art, phénomène qui n'aura plus lieu, il apparait le curieux de ses seules sensations, le ricaneur à l'encontre d'autrui qu'il aime à faire souffrir. Il offre à la curiosité du psychologue l'ironie d'un jeune diable dont les allures seraient assez celles d'une bacchante car il fut un redoutable spécimen d'androgynat.

A relire les deux livres (1) où il s'expose tout nu, comme un faune au soleil, on a l'impression non d'une œuvre d'art voulue, mise au point, *littéraire* mais d'une entrée violente dans les empires profonds de la conscience.

Des trois opérations de l'esprit qui concourent à la genèse du-

---

(1) *Les Illuminations, Poésies complètes*, 2 volumes chez Vanier.

concept lyrique et qui en déterminent la réalisation *externe* : invention, c'est à dire *trouvaille* des sensations spéciales à l'individu pris du besoin de créer (1), imagination, c'est à dire mise en images de ces sensations, sélection, c'est à dire choix de celles qui signifieront le plus *formellement* le concept, Rimbaud néglige la dernière. Il n'est donc pas un littérateur mais bien un amateur de spectacles, parfois génial, qui donne une séance de lanterne magique sans s'inquiéter s'il y a là des assistants. D'où, chez lui, des rapports d'idées imprévus, des images présentées en raccourci, des sentiments ramenés sur eux-mêmes et non irradiés jusqu'à l'évidence courante : toute une technique dédaléenne pour la réduction de laquelle le fil manque quelquefois. Ses écrits évoqueraient volontiers des architectures de nuées sous une oblique lumière de crépuscule ou mieux encore des végétations aquatiques dont les feuilles et les fleurs tremblent, s'exagèrent, se déforment, aperçues à travers le miroir plissé d'un fleuve multicolore. Cela est si vrai que lorsque il néglige son vrai don : le rendu stupéfiant des états seconds de la pensée lyrique, lorsqu'il fait œuvre d'homme de lettres, il devient médiocre. Pour preuve : *les Etrennes des orphelins, Roman, le Forgeron*. Médiocrité tout de même relative car il y a, chez cet adolescent, une telle science infuse du rythme et de l'image que des vers éclatent çà et là, aux pièces insignifiantes, dont se réjouiraient les plus difficiles. Pour preuve : cette eau-forte à la Callot : *les Assis*. Alors s'il subit une influence, il sait déjà la transfigurer comme dans cette strophe où l'on retrouve l'empreinte du Père Hugo :

> *Par la lune d'été vaguement éclairée,*
> *Debout, nue et rêvant dans sa pâleur dorée*
> *Que tache le flot lourd de ses longs cheveux bleus,*
> *Dans la clairière sombre où la mousse s'étoile,*
> *La Dryade regarde au ciel silencieux :*
> *La blanche Sélèné laisse flotter son voile,*
> *Craintive, sur les pieds du bel Endymion*
> *Et lui jette un baiser dans un pâle rayon.*

---

(1) *Invenire* : venir contre = mettre le nez sur quelque chose. C'est l'instinct propre à l'inventeur, instinct analogue au flair du chien de chasse.

La source pleure au loin en une longue extase :
C'est la nymphe qui rêve un coude sur son vase
Au beau jeune homme blanc que son onde a pressé.
Une brise d'amour dans la nuit a passé
Et dans les bois sacrés, dans l'horreur des grands arbres,
Majestueusement debout, les sombres marbres,
Les Dieux au front desquels le bouvreuil fait son nid,
Les Dieux écoutent l'homme et le monde infini.

Ce couplet, inattendu dans l'œuvre de Rimbaud ne marque-t-il pas de la maîtrise ? Mais encore un coup, Rimbaud est, avant tout, le poète instinctif de l'inexprimé. Il libère par exemple aux remous des sensations débridées, des symboles d'ombre et d'étoiles, le plus violent sanglot de *spleen* qui se puisse concevoir : ce poème unique dans toutes les littératures : *Bateau ivre.* Cela n'est ni composé, ni pondéré, ni arrêté dans les lignes ; c'est une série de bonds éperdus parmi des floraisons de cauchemar, les sursauts d'un monstre écaillé d'or qui cracherait des soleils, le périple apocalyptique de Satan. Cela fleure le soufre et l'opium et aussi l'iode des algues ; cela rugit comme des vagues en colère ; cela se plaint comme la bise nocturne sur la mer. Puis, soudain, cette tempête s'apaise et alors monte pareil au soupir de démons marins flagellés, un cri d'une nostalgie telle qu'on a vu des poètes pleurer ouïssant ces vers issus d'un gouffre de damnation :

Moi qui tremblais sentant geindre à cinquante lieues
Le rut des Béhémots et des Maelstroms épais,
Fileur éternel des immobilités bleues,
Je regrette l'Europe aux anciens parapets.

J'ai vu des archipels sidéraux et des îles
Dont les cieux délirants sont ouverts au vogueur :
Est-ce en ces nuits sans fond que tu dors et t'exiles,
Million d'oiseaux d'or, ô future Vigueur ?

Mais vrai, j'ai trop pleuré ! les aubes sont navrantes,
Toute lune est atroce et tout soleil amer ;
L'âcre amour m'a gonflé de torpeurs enivrantes,
Oh ! que ma quille éclate ! Oh ! que j'aille à la mer !

Si je désire une eau d'Europe, c'est la flache
Noire et froide où, vers le crépuscule embaumé,

Un enfant accroupi, plein de tristesse, lâche
Un bateau frêle comme un papillon de mai... (1)

Toute cette fin du *Bateau ivre* préfigure les dernières années de Rimbaud comme le reste du poème raconte d'avance sa vie... Il existe, chez certains hommes d'exception, un instinct très net de ce que sera, selon la puissance formidable et sans règles qu'ils sentent en eux, leur existence à venir. Ils contiennent, ils déchaînent toute la vision et toute l'action ; ils peuvent tout en bien ou en mal — si toutefois il y a un mal et un bien — ils sont capables des plus splendides forfaits et des plus regrettables repentirs — *et ils le savent*. Et justement parce qu'ils le savent, ils incarnent l'admirable Malice de l'humanité. Inconnus parfois ou connus de peu, tel Rimbaud, leur influence ne s'exerce pas moins sur quiconque écoute beaucoup ses sens. La face d'ombre des idées leur est familière comme la face de clarté. Princes de la révolte, piliers de l'orgueil, la Mystique les dénonce en proie aux plus superbes des anges déchus et dit qu'ils marchent à l'avant-garde de l'Archi-Démon. — On peut en inférer que ce sont des hommes complets c'est à dire des bêtes de beauté conscientes. Ou pour accorder la Mystique et la Science on peut les baptiser : les précurseurs de l'Ante-Christ, car l'Ante-Christ sera Celui de la toute Science en antagonisme avec Celui de la toute Croyance.

Il y a en Rimbaud une faculté de blasphème des plus aiguës. La haine qu'il porte à tout ce qui est agenouillement, humilité, défaillance d'égoïsme se décèle surtout dans ce poème fleuri de roses sombres : *Premières Communions*. Il goûte un plaisir âcre à se faufiler entre les draps de la petite vierge en mal de Jésus ; il lui ouvre le cœur et met son âme sur le gril :

> *Des curiosités vaguement impudiques*
> *Epouvantent le rêve aux chastes bleuités*
> *Qui s'est surpris autour des célestes tuniques*
> *De linge dont Jésus voile ses nudités.*

Puis cette enfant, il la prosterne dans l'ordure et la fouaille de

---

(1) Il existe une eau-forte de Decamps, magistrale et qui donne *l'illustration* exacte de cette dernière strophe. — Rimbaud l'avait-il vue ?

vers dorés et sinueux comme des serpents. Enfin sa malédiction flambe sur le mystère inane de l'hostie, se rue contre le Dieu qui exige qu'on réprime la chair et lance à la face du Galiléen toute la rancune des passions refoulées. C'est la strophe célèbre :

Christ, ô Christ, éternel voleur des énergies,
Dieu qui, pour deux mille ans, vouas à ta pâleur
Cloués au sol, de honte et de céphalalgies
Ou renversés, les fronts des femmes de douleur.

Ces deux poèmes : *Bateau ivre*, et *les Premières Communions* donnent avec quelques pages tirées du fatras des *Illuminations* et particulièrement avec *Une saison en enfer* la dominante de la symphonie terrible que se joua Rimbaud. S'ils font vibrer en nous plusieurs des fibres les plus essentielles de l'âme c'est parce que, pénétrant loin sous les sentiments émoussés dont nous revêtons d'habitude les plus humains de nos désirs, ils chantent l'hymne de la nature raillant l'Inconnaissable. Naturellement un tel effort de rébellion, un tel coït entre l'orgueil et la sauvagerie intime de notre être s'achève en tristesse. C'est la mélancolie terminale du *Bateau ivre :* « Voici, j'ai remué, parmi des cataractes d'éclairs et de parfums, un océan de passions ; et maintenant je ne veux plus que m'endormir au crépuscule, comme une nacelle disloquée sur un étang froid. »

Mais que lui importait à ce Rimbaud ? Il avait vécu ; il avait sucé, de ses fortes lèvres rouges, tous les fruits de l'Arbre fatidique ; il avait été un homme à l'âge où les autres hommes sortent de l'enfance ; il était vieux à l'âge où les autres hommes sont mûrs... Il relut *Sagesse*, sourit, se laissa oindre d'huiles consacrées, puis, ramenant le drap par dessus sa tête, il s'en alla rassasié de tout, dans la nuit sans étoiles.

VI

PRÉFACE OMISE

JE transcris ici la préface que j'avais d'abord voulu publier en tête de *la Forêt bruissante*. Si ce poème mérite quelque attention, mes dires touchant la technique selon laquelle il fut écrit ne peuvent rien ajouter à l'impression qu'il produira d'autant qu'il y a toujours de la maladresse à expliquer les ressorts dont on usa pour se soumettre cet adversaire instinctif : le lecteur. Si *la Forêt bruissante* ne vaut rien, toutes les propositions théoriques du monde échoueraient à prouver mon intention de bien faire. On a vu jadis des esthètes préoccupés d'exposer longuement, d'analyser par le menu les éléments d'une œuvre future. L'ayant ainsi déflorée, ils ne se trouvèrent plus le cœur de la réaliser. Ils avaient rêvé de vivre : ils sont morts. La mésaventure de ces cadavres ambulants doit instruire quiconque se mêle de versification. Toutefois, comme la préface de *la Forêt bruissante* fut élaborée après le poème terminé, comme elle est susceptible d'intéresser quelques-uns, je la donne telle quelle.

Edgar Poe avance, dans *la genèse d'un Poème*, que les œuvres très étendues se composent en réalité de fragments amenés à la perfection relative au détriment de l'idée générale qui les détermina et ajustés ensuite bout à bout avec plus ou moins d'adresse. Il en conclut qu'il faut donner la préférence aux œuvres brèves où le poète concentrera le maximum d'émotion qu'il est en lui de faire éprouver à ses lecteurs. Comme il est habituel, il a donné là, non sans ironie, la théorie de son art. Tous ceux qui font de la critique à l'appui de leur production *effective* agissent de même. Et c'est justement ce *parti-pris* qui plaît aux esprits cultivés. Cependant la thèse contraire se pourrait soutenir. Il est certain que des poèmes étendus tels que l'Iliade et l'Odyssée — pour prendre des exemples incontestés — ne donnent nullement l'impression d'une série d'épisodes reliés tant bien que mal entre eux. Une opinion moderne les attribue, il est vrai, à un groupe de rhapsodes, mais les arguments qu'elle apporte ne prévalent guère contre l'évidente unité de ces deux épopées. Quoique il en soit, le dessein de tenter un poème assez considérable, traitant d'un sujet unique ne se justifie que si le poète sait user des ressources de son métier de façon à éviter la monotonie sans encourir le reproche de s'être trop dispersé.

Ayant en tête la *Forêt bruissante*, poème d'environ trois mille vers où s'alternent les descriptions posant le décor et le dialogue, je fus naturellement conduit à employer le vers libre. Ce moyen d'art me permettait d'éviter la monotonie qui eût résulté de l'emploi exclusif de l'alexandrin. Il me permettait aussi de fixer le plus exactement possible les phrases lyriques de mes personnages selon le rythme adéquat aux mouvements de leur âme. C'est là, soit dit en passant, une des vertus les plus méconnues du vers libre : la faculté qu'il confère au poète d'assouplir l'appareil par trop rigide que nous léguèrent ceux du Parnasse. Nulle restriction ne tient contre l'opportunité de cette évolution. D'ailleurs toute latitude n'est-elle pas laissée à qui tente les différents modes d'expression poétique ? Le principe, admis je pense par tous les écrivains nouveaux, est celui-ci : les vers sont bons, quelle que soit la règle à laquelle ils s'astreignent, pourvu qu'ils signifient *sincèrement* la personnalité du poète. Tel rimera richement, se conformera aux alternances bi-sexuelles, comptera les syllabes ; tel autre usera de l'assonance, n'aura cure d'alterner les sexes, suivra *son* rythme sans tenir compte du nombre des syllabes. Tous deux auront raison s'ils parviennent à nous toucher. Le vers libre, bien manié, offre des ressources innombrables ; il permet *l'imprévu* mais n'importe quelle autre forme d'art, fût-elle opposée, reste légitime.

Outre le vers libre, j'ai cru devoir employer, pour obtenir plus de corrélation entre les diverses parties de mon poème, les rappels thématiques. Cette invention féconde due au génie de Richard Wagner m'a semblé tout-à-fait applicable à la versification même non accompagnée de musique. Ainsi tels vers de description placés au prologue se retrouvent soit en strophes soit isolés dans le dialogue subséquent lorsque j'ai jugé à propos de renforcer l'impression première ou de remettre en évidence un des motifs principaux.

Ces indications suffisent ; je n'y ajouterai rien. Mais je veux dire la joie parfaite que je ressentis à composer *la Forêt bruissante*. Pendant plus d'un an, tout enveloppé de nature, incité par le friselis feuillu des arbres, par l'arôme des fleurs et par les jeux de la lumière et de l'ombre aux mois de soleil ou stimulé par le cantique de la bise qui sanglotait sur la campagne en neige aux soirs d'hiver, j'ai *vu* se former mes héros, j'ai souffert et j'ai ri avec eux. C'est pourquoi si imparfait que soit mon poème, j'ose espérer qu'on y trouvera un peu le frisson de la vie.

VII

LETTRE A GAUSSON, PEINTRE

INSI donc, Ami, tout cela que tu aimes : la douceur des vergers clairs, la majesté des arbres fraternels, les villages assoupis, l'eau qui chatoie et le soleil de gloire, les crépuscules pensifs et les aubes d'argent, tu viens de les livrer aux Bêtes — et aux Intelligences. Nous avons vu, alignées le long d'un mur, cataloguées, numérotées, ces toiles où se déroule la radieuse théorie des saisons. Le contraste fut violent entre ta campagne coutumière et la salle d'exposition parisienne que frôlent au passage les omnibus balourds et les badauds affairés.... Cependant la nature triompha : l'atmosphère malpropre de la capitale des Agités ne parvint pas à ternir tes paysages ; ton œuvre resta impavide, toute paisible, tandis que grouillait autour la Démocratie aptère.

Mais mon égoïsme amical préfère goûter tes peintures au

pays même où tu les inventas. Là, elles me reflètent, transfigurée selon l'âme attentive qu'elle te créa, la beauté des sites que nous avons admirés ensemble. — Tu me disais naguère, quand je louais quelques uns des aspects fixés par toi : « Ces champs, cette rivière, ces horizons furent témoins de mes joies et de mes tristesses. Ils m'aiment et je les aime : Voilà tout mon secret. »

Sans doute, une telle esthétique paraîtra bien étroite aux peintres frelatés de mauvaise littérature qui dissimulent sous des *intentions* grandioses leur sécheresse et leur ignorance des éléments de leur art. Pour toi, tu ne crus pas inutile d'apprendre humblement, honnêtement ton métier ; jamais satisfait, tu en cessas de solliciter les êtres et les choses pour qu'ils te livrassent le secret de leur rythme. Tu t'instruisis par tes erreurs : au lieu de les ériger en découvertes géniales, tu les mis à l'écart. Aussi, aujourd'hui, maître de tes moyens, sûr de ta vision, tu traduis sainement, pour notre joie, maintes strophes du poème que livre à ses initiés la vie universelle. — « Une œuvre d'art est un moment de supériorité » a dit très bien M. Arsène Alexandre dans sa belle *Histoire de la Peinture*. Devant plusieurs de tes tableaux j'ai senti la profonde vérité de cette phrase. On trouve, en effet, chez toi le souci de choisir le moment où, grâce aux sortilèges de la lumière et de l'ombre, le paysage révèle, avec le plus d'intensité, son caractère de mélancolie ou de gaîté. Saisir ce moment, découvrir en soi-même l'essentielle émotion qu'il détermine, communier avec ce rythme qui s'offre, c'est créer, c'est à dire se reproduire en beauté au-dessus des apparences changeantes. Fonction splendide, conquête inaliénable de l'artiste sincère, affirmation de l'idéal humain qui fait de nous des dieux !

Non seulement, Gausson, je te prise à cause de tes œuvres réussies, mais encore je t'estime quand tu te trompes — parce que tu possèdes cette première des vertus artistiques : la bonne foi. L'artiste complet se doit de produire beaucoup : c'est par la fécondité que se marque sa puissance. Or quel serait son malheur si ses sens ne le trahissaient jamais ! Il deviendrait une sorte d'automate, le prisonnier d'une manière, incapable désormais d'efforts nouveaux. Tandis que les fautes qui proviennent d'une fatigue, donc d'une incompréhension passagère stimulent l'homme de bonne foi. Elles lui font aimer davantage le travail. N'étant pas de ceux qui, stupidement ascétiques, s'en plaignent comme d'une souffrance, il sait qu'il faut agir pour se conformer à la vie car le sens de la vie c'est : l'action. Epris de cette vérité, il s'affirme toujours mieux. Et lorsque sa tâche est accomplie, il rentre au Tout avec la conscience de s'être réalisé aussi intégralement que possible et, par conséquent, d'avoir été *utile* puisque il donna, pour se plaire *d'abord* à lui-même, une jouissance nouvelle à autrui.

Gausson, tu as encore une autre qualité. Tu ne te confines pas dans la partie matérielle de ton art. Si tu aimes, comme tout bon peintre, les tons fins, les valeurs bien en place, les motifs « amusants », viennent les heures de repos, tu t'en vas aux philosophies et aux autres arts. Tu as cette curiosité des forts qui prétendent embrasser toute la pensée humaine. Faut-il te rappeler l'allégresse que nous ressentîmes lisant, côte à côte, *Prométhée enchaîné,* commentant, critiquant Hegel, Schopenhauer, Spinoza ou analysant le conflit social ? Cette fréquentation des idées et des chefs-d'œuvre te valut ton culte envers la vie. Si bien que, quand tu reprends tes pinceaux, tu l'interprètes plus profondément cette vie et que, tout épris du spectacle merveilleux qu'elle t'offre, tu lui voues, *sans t'en apercevoir*, une merveille équivalente : l'émotion d'une âme nourrie de beauté

Deux tableaux frappent, en ce moment, ma mémoire. L'un c'est décembre. Le soleil occidental s'engloutit dans des nuées d'or pâle et de rose agonisant que reflète, meurtries et déchirées, la rivière où se figea, sous un gel rigide, la cohue des glaçons. L'heure est indécise car à l'orient la nuit entrouvre déjà ses yeux d'étoiles. Une fine brume bleue règne sur les choses. Les massifs d'arbres riverains, tordant vers le ciel leurs bras dépouillés, pleurent tout bas dans le vent du soir. Et, tout au fond, la petite ville, à peine estompée, quiète sous ses toits obscurs, allume des feux tremblotants... Ce paysage est triste et tranquille comme la résignation. Il y flotte des souvenirs et des regrets — et pourtant c'est d'une parfaite simplicité. Nulle femme — trop longue pour plus d'idéal — ne s'y érige sous couleur de symbole.

Crépuscule d'hiver, rien autre — cela suffit, puisque nous y trouvons toute la mélancolie.

Rappelle-toi, maintenant, Gausson, de quel acharnement tu travaillais à ce tableau malgré les cinq degrés sous zéro et la bise. Le froid avait beau te roidir malicieusement les doigts, tu allais toujours. Et lorsque, chassé par l'obscurité, tu essuyas tes pinceaux, l'œuvre était debout essentiellement.... Combien tu me plus à cause de cette lutte !

L'autre tableau, c'est aux derniers jours de septembre. Le ciel indigo trempé de soleil éclate comme un brasier. Pressés, écroulés les uns sur les autres, les arbres du verger chantent dans tous les tons le poème éperdu de la verdure. Tachant de rouge vif ces mille verts harmonieux, les fruits luisent ronds et chauds, pareils à des seins. Et comme c'est une fin d'été, comme un premier baiser de l'automne frôla l'épiderme de la terre, çà et là des teintes d'or roux annoncent la royale défaillance des végétaux... Evocation de l'âge mûr, suprême hymne de force avant le sommeil vers les renouveaux....

C'est parce que j'ai trouvé ces choses dans ta peinture que je t'aime, Ami. Ton ambition fut modeste ; tu t'es trouvé toi-même, tout seul, à travers les tâtonnements et les déviations. La vie t'en a récompensé comme elle ne récompensera jamais les Malins et les énervés : elle t'a permis de l'aimer.

Que te dirai-je de plus ? — Continue ton labeur probe, en dehors des coteries et des théoriciens ; l'art est grand : cent domaines restent à conquérir... Et tu n'as rien fait puisque il reste encore à faire.

VIII

LE DÉCADENT

> *Je vais me déshonorer et acquérir la réputation de méchant. Qu'importe ? Le courage est de tous les états. Il y en a autant à braver l'esprit de coterie qu'à s'exposer aux condamnations des tribunaux.*
>
> STENDHAL : *Promenades dans Rome.*

L'ÉCRIVAIN d'extrême décadence est éminemment celui qui aime son Moi au point de ne plus s'intéresser qu'à ses seules sensations. Désireux de se donner « des fêtes à volonté et solitaires », il écarte de son œuvre les idées, les images, les phrases dont *l'évidence* pourrait séduire tout d'abord même les lettrés. Jaloux de perpétuer les ténèbres où se complaît passionnément son égoïsme, préoccupé de ne livrer que le moins possible de sa pensée, il accumule les allusions, les nuances presque imperceptibles, les analogies douteuses. Son horreur de ce qui n'est pas sa spéciale jouissance va si loin qu'il finit par s'inventer une syntaxe personnelle, des acceptions de mots inusitées faites pour dérouter le vulgaire. Or le vulgaire, à son sens, c'est *a priori* tout le monde. Puis, de même que le grand jour l'offusque, les œuvres considérables lui apparaissent trop décisives et trop compactes. Il est l'homme de l'opuscule, du fragment, de l'essence, des linéaments extrêmes de l'émotion, du chuchotis mystérieux et bref. Il rêve d'un poème résumé en une strophe, d'une strophe condensée en un vers, d'un vers resserré en un mot — un mot qu'il se répéterait à l'infini et dont la mélodie, appréciable pour lui seul, le plongerait dans une extase indicible. Etant donné que nul rendu ne peut approcher de son idéal, il aboutit à cette question volontiers dédaigneuse : « A savoir s'il y a lieu d'écrire ? » En effet, le *noir sur blanc* lui semble encore trop formel, trop brutal, trop susceptible d'émouvoir autrement que comme une musique vague et complexe. Il lui préfère telle causerie où, selon une métaphysique détestant toute substance, perdue aux nuages des entités, il fera, pour quelques uns soigneusement élus, la glose des rares vers, des proses clairsemées qu'il se résigna jadis à confier au papier. Concession excessive et sur laquelle il revient car il murmure bientôt : « Je rentre mes aspirations à la solitude nécessaire quand ce ne serait que pour paraître songer. » En somme : maladivement amoureux de soi-même, se gargarisant avec les sonorités verbales qu'il déforme ou qu'il accole à son gré, *pour lui seul*, érigeant en système de raffinement la pénurie de ses facultés créatrices, blotti en un coin d'ombre loin du conflit social, portant pour blason un serpent gelé qui se mord la queue sur fond de brume, Narcisse au trouble miroir où luisent à peine les faibles phosphores d'une décomposition d'art, prince de l'impuissance hautaine, tel apparaît le Décadent — tel apparaît aux intelligences sauves de son emprise M. Stéphane Mallarmé. (1)

Le cas de M. Mallarmé se présente à toutes les époques de civilisation extrême où certains esprits fatigués, saturés d'émotions disparates, incapables de s'éprendre d'une conception nouvelle de la vie, remâchent d'insolites visions, se tissent un

---

(1) Les phrases citées entre guillemets au cours de cette étude sont tirées des écrits de M. Mallarmé, notamment de sa plaquette : *la Musique et les Lettres*.

cocon de rêves insaisissables à force d'être subtils, blutent et dissèquent jusqu'à l'atome les débris de l'âme ancienne de leur race telle qu'elle agonise en eux. L'artifice, l'anormal, l'accord faux exprès parviennent seuls à les dégourdir un peu. Ces pauvres diables conçoivent, il est vrai, parfois des œuvres de synthèse où chanterait tout le verbe, où scintilleraient toutes les idées, mais trop las, trop dénués d'énergie pour les réaliser, ils retombent bien vite aux troubles spéculations qui leur sont habituelles — qui sont nécessaires à leur anémie en quête de frissons inédits. Et pourtant ils s'ennuient... Afin de leurrer cet ennui, tentent-ils les subterfuges du mystère et de la sensation suraiguë ? Afin de se faire illusion sur leur faiblesse affirment-ils que leur œuvre intégrale fut réalisée par leurs causeries et par les quelques écritures minimes auxquelles ils s'efforcèrent ? A coup sûr. Mais la vie a soufflé sur ces pâles lumignons imprudemment exposés au seuil de leur sanctuaire intime et ils s'éteignent. Si bien qu'ils restent eux, leurs admirateurs et leurs suivants, en hallucination devant.... rien du tout, devant le Nul où se résout l'idée qu'ils se firent de la Beauté. Phénomène spécial suscité par les sursauts d'un intellect enragé de son épuisement et par une vanité semblable à celle de l'ennuque qui se glorifie d'être chaste.

A l'époque alexandrine, le correspondant de M. Mallarmé serait assez bien Lycophron qui ne publia qu'un seul poème : *Alexandra*, quatorze cent soixante vers tellement obscurs et raffinés que ses corhéteurs les proclamaient géniaux et que, de nos jours, M. Dehèque, universitaire, consacra un tome très épais à la glose de ces mystérieuses vaticinations. Encore n'est-il pas toujours sûr de les avoir congruement élucidées. C'est là, sans doute, le sort qui attend les écrits de M. Mallarmé quand toutes choses seront remises en place, c'est-à-dire quand on les tiendra pour ce qu'ils sont réellement : des monstres caractéristiques d'un moment d'aberration littéraire, des curiosités de musée pathologique.

Pour déterminer complètement l'état d'esprit que représente M. Mallarmé, il est nécessaire d'étudier la façon dont il s'intéresse à maints épisodes relevant de la sociologie et de l'esthétique générale. Si porté qu'il soit à n'accorder son attention qu'à des tortillements d'infusoires sous un microscope infidèle ou à des poils de mouche coupés en huit, M. Mallarmé a donné son sentiment sur trois faits capitaux : la rénovation du drame lyrique par Richard Wagner, l'apogée de la peinture à la fin du XIXe siècle dans l'œuvre de M. Puvis de Chavannes, la possibilité d'un rapprochement entre la France et l'Allemagne. Voyons comment il s'exprime. Cette analyse aura, en outre, l'avantage de nous permettre d'examiner la facture de ses vers. — Voici d'abord le sonnet où M. Mallarmé constate le triomphe de l'art wagnérien :

> *Le silence déjà funèbre d'une moire*
> *Dispose plus qu'un pli deuil sur le mobilier*
> *Que doit un tassement du principal pilier*
> *Précipiter avec le manque de Mémoire.*
>
> *Notre si vieil ébat triomphal du grimoire,*
> *Hiéroglyphes dont s'exalte le millier*
> *A propager de l'aile un frisson familier,*
> *Enfouissez-le moi plutôt dans une armoire !*
>
> *Du souriant fracas originel haï*
> *Entre elles, de clartés maîtresses a jailli*
> *Jusque vers un parvis né pour leur simulacre,*
>
> *Trompettes tout haut d'or pâmé sur les vélins,*
> *Le dieu Richard Wagner, irradiant un sacre*
> *Mal tû par l'encre même en sanglots sybillins.*

A première vue, quiconque est *de bonne foi* sera *obligé* de déclarer qu'il ne comprend rien à ces vers. Tout au plus sera-t-on choqué par certaines constructions de phrases, par certaines alliances de mots faites pour surprendre : le *manque de mémoire* serait peut-être dit plus simplement : *l'oubli*. On soupçonne une gauche cheville. Qu'est-ce que ce *silence d'une moire* qui *dispose plus qu'un* — et non pas plusieurs — *pli* sur un *mobilier* ? Le silence a donc des plis ? Ensuite que peuvent bien évoquer ces images insensées à force d'impropriété : *souriant fracas originel haï* ? Un *fracas souriant*, qu'est ce que cela ? Et puis quelle cacophonie ! Et les *sanglots sybillins de l'encre* ? Ainsi de suite...

Un gentilhomme polonais, M. Teodor de Wyzewa, renseigné par M. Mallarmé a pris la peine de nous donner la clé de toutes ces énigmes. Oyons le : « Il a voulu (M. Mallarmé) exprimer, la justifiant, l'émotion que portait au Poète ce Musicien envahissant la scène que les Poètes avaient préparée. Voici le mobilier séculaire que lentement avaient menuisé, pour le prochain Advenu, les poètes. Ils le voulaient transporter bientôt dans un palais plus beau, promis à leurs soins. Mais une moire l'a recouvert de ses lourds plis funèbres ; déjà la maison va s'écrouler ; et le mobilier séculaire sera mis en morceau et déjà s'avance, pour le recouvrir, la moire plus funèbre de l'oubli. Le mobilier séculaire des grimoires, rendu vain désormais et bientôt brisé, le cher mobilier des littératures et des poésies — oh ! comme joyeusement il s'étalait aux yeux ! — il va dormir, inutile, dans une armoire toujours close, si les voûtes de la maison abîmée ne le détruisent pas. Car voici que s'élance, sortie de cette cahute dédaignée, la Musique ; voici que s'élance, avec un épanouissement triomphal de clartés, jusque le parvis de ce palais, le Théâtre idéal dressé pour le Poète ; le voici, n'entendez-vous point les joyeuses sonneries qui l'annoncent? — un dieu splendide Wagner ; il est souverain de la scène que pour d'autres on avait préparée ; et voici que le poète lui-même, tandis que s'effondre le mobilier des poésies, salue, ébloui, l'usurpateur du Temple qu'il rêvait... » Puis M. de Wyzewa vante « ces vers dont le sens est *bellement atténué* afin qu'ils soient de pure musique :

A propager de l'aile un frisson familier,

et :

Trompettes tout haut d'or pâmé sur les vélins. » (1)

Ce petit morceau de littérature sarmate est assez médiocrement rédigé mais pour nous il s'agit d'autre chose. Qui, *de bonne foi*, même après la lecture de la glose, reconnaîtra le sens qu'elle prétend inclus aux vers de M. Mallarmé ? N'évoquerait-elle pas

---

(1) *La Vogüe :* N° de juillet 1886.

plutôt le souvenir d'un passage du *Bourgeois Gentilhomme* (acte IV, scène VI) :

CLÉANTE

Bel-men

COVIELLE

Il dit que vous allez vite avec lui vous préparer pour la cérémonie, afin de voir ensuite votre fille et de conclure le mariage.

M. JOURDAIN

Tant de choses en deux mots ?

COVIELLE

Oui. La langue turque est comme cela ; elle dit beaucoup en peu de paroles.

Sérieusement, est-il possible d'imaginer un tohu-bohu de mots plus extravagant pour signifier que : les poètes avaient ouvert la voie suivie triomphalement depuis par Wagner et qu'ils étaient heureux de se voir supplantés par un musicien ? Cette assertion, d'ailleurs contestable, n'est en somme qu'une banalité. Il en est presque toujours de même chez le Décadent. Il s'avère : l'homme des *intentions*. Mû par un rêve ambitieux, il médite les déductions les plus imprévues à extraire d'un sujet mais le détail l'absorbe tellement qu'il perd aussitôt de vue le sujet lui-même. Les sonorités l'affolent, le sens *bellement*(?) atténué des vers le transporte et il réussit finalement à ne pas dire — ce qui ne valait pas la peine d'être dit. C'est parce que, pour lui, la forme commande le fond tandis que pour les bons poètes le fond détermine la forme. Ceux-ci prennent soin de préciser et d'unir entre elles, autant qu'ils le peuvent, les images qui rendent leur émotion. Les lisant, on va du dehors au dedans, de l'image au sentiment ou à la sensation qui la motivèrent —

comme il est *naturel*, comme l'exige le mécanisme de la pensée. Le Décadent, au contraire, et M. Mallarmé plus que personne, veut qu'on pénètre d'abord son sentiment ou sa sensation avant de s'intéresser aux images, non reliées entre-elles, qui assument la redoutable fonction d'exprimer ses phantasmes. Pour nous faciliter ce labeur contre-nature, il nous met du coton dans les oreilles, puis il s'écrie : « Ecoute cette musique, devine ce que j'ai voulu dire, incline-toi... ou tu n'es qu'un âne. » Ce jeu de passe-passe s'apparente aux inventions du pointillisme : étant donnés les éléments du mélange optique placés les uns à côté des autres et présentés pêle-mêle à notre ahurissement, le mélange doit s'opérer dans notre œil. S'il ne se produit pas, notre sottise en est cause — et le peintre a du génie. Le rapprochement s'impose aussi avec les procédés d'une certaine école picturale qui eut en M. Gauguin son protagoniste le plus convaincu car toutes les aberrations se tiennent. M. Gauguin, ayant *l'intention* de représenter la lutte de Jacob et de l'Ange, enduisit de rouge vif le gazon de la plaine où se passait le combat. On ne peut se figurer tout ce que signifiait, selon M. Gauguin, ce gazon flamboyant ! De même, qui saura jamais tous les symboles qu'évoque à M. Mallarmé ce vers absolument dépourvu de sens:

Trompettes tout haut d'or pâmé sur les vélins ?...

Il est d'usage courant parmi plusieurs clans littéraires d'agoniser d'injures *celui qui ne comprend pas* toutes ces gentillesses équivoques. Au nom de l'Art inviolable, on excommunie le bourgeois assez osé pour lever les épaules devant cette danse de mystagogues. Or quand le bourgeois déclare qu'il ne s'intéresse pas à un poème de Baudelaire par exemple, on peut penser que c'est tant pis pour lui parce que Baudelaire a traduit dans une langue claire, selon une syntaxe classique, des souffrances provenues des régions les plus profondes de l'âme. Insensible à ces vers, le bourgeois doit être plaint : il est privé d'un plaisir d'art intense. Mais lorsque le bourgeois se refuse à prôner *de confiance* les mystérieux charivaris où se dissimule la pauvreté d'invention d'un impuissant, il a raison. Pour moi j'approuve alors sa répulsion ; je fais chorus avec son rire.

Ainsi donc l'émotion de beauté produite par l'épanouissement magnifique du drame wagnérien se stérilise dans l'âme du Décadent. Trop forte pour lui, elle s'étiole dans ce terrain pauvre et il ne sait en faire éclore qu'une maigre floraison bientôt étouffée sous l'entrelacement des sonorités incohérentes. — Mettons-le maintenant en présence d'une œuvre d'équilibre et de lumière où le rythme des lignes et celui des couleurs s'accordent *héroïquement* pour célébrer la gloire de l'espèce en lutte ou en communion avec la nature, pour nous montrer des êtres qui sentent, pensent et agissent harmonieusement : les tableaux de M. Puvis de Chavannes. Devant cette radieuse épopée, le Décadent pourra-t-il au moins s'arracher quelque cri lyrique qui rachète ses avortements antérieurs ? Non pas. Bien plus, depuis l'époque où il avouait son abdication aux pieds du musicien, sa veine s'est encore rétrécie. L'hommage qu'il adresse au grand peintre s'évague parmi d'inanes balbutiements. Voici de quel ton il le salue :

> *Toute Aurore même gourde*
> *A crisper un poing obscur*
> *Contre des clairons d'azur*
> *Embouchés par cette sourde*
>
> *A le pâtre avec sa gourde*
> *Jointe au bâton frappant dur*
> *Le long de son pas futur*
> *Tant que la source ample sourde*
>
> *Par avance ainsi tu vis*
> *O solitaire Puvis*
> *De Chavannes*
>   *jamais seul*
>
> *De conduire le temps boire*
> *A la nymphe sans linceul*
> *Que lui découvre ta gloire*

Ici, le sens du sonnet échappe complètement, d'autant plus que M. Mallarmé s'est abstenu de toute ponctuation jugeant sans doute gênante cette entrave aux cacophonies obscures. Tout au plus peut-on conjecturer qu'il compare M. de Chavannes à un pâtre précurseur qui aurait découvert une source d'aurore éternelle (la Vérité?) où abreuver un troupeau d'années laborieuses. Peut-être est-ce cela, peut-être, autre chose. En tous cas, quelles *intentions* peuvent justifier cette phrase incorrecte : « *Tu vis jamais seul de conduire le temps boire à la nymphe ?* » Qu'est-ce encore que ce « *bâton frappant dur le long de ton pas futur ?* » On remarquera aussi : le rejet *de Chavannes* dont la gaucherie rappelle les licences bouffonnes des chansons chères aux cabarets dits artistiques. Et puis quelle dureté rocailleuse en ces vers qu'on nous affirme être de pures musiques!... Il y a seulement là l'effort d'un esprit stérile qui se veut original — quand même.... *Obscuritate rerum verba saepe obscurantur* répondait Gervais Tilbert, sorbonniaque, à Jacques Lehode lui reprochant le vague de ses propositions en faveur de la Trinité. Changeons un mot et disons de cet art agonisant parmi de fausses subtilités : *Obscuritate mentis verba saepe obscurantur.* A force de croire concentrer, à force de ne prétendre qu'exprimer l'essentiel de la pensée, M. Mallarmé a perdu le sens même des mots. Sa soi-disant concision se délaie en un chaos diffus où il se noie sans rémission. — Le Verbe estropié se venge.

Non seulement le Décadent prône un art enfoui au fond de quelque iconostase secret et entr'ouvert seulement à de rares fidèles mais encore le rêve pour le culte duquel il s'épuise solitairement ne souffre pas qu'il se laisse détourner vers d'autres émotions. La chapelle est sourde où il s'enferme. Les fenêtres en sont murées afin que le soleil importun n'y entre pas. Elle est sise au sommet d'un pic désert et glacé. Loin plus bas grouillent « les vagues humanités. »

Il y a peu, deux revues, l'une allemande, l'autre française interrogèrent des sociologues, des romanciers, des poètes appartenant aux deux nations sur la possibilité d'un rapprochement par où s'aboliraient des rancunes d'ordre politique. La plupart des interrogés, soit qu'ils souhaitassent ce rapprochement, soit qu'ils le jugeassent peu prochain, témoignèrent de l'importance capitale qu'ils attachaient à la question. Ils sentirent combien s'affirme désirable une alliance étroite entre la pensée latine et la pensée germanique. Ils savaient que le temps est proche, peut-être, où les peuples refuseront d'assumer le rôle de bétail bon à massacrer pour la sauvegarde d'intérêts de caste ou d'argent. M. Mallarmé, lui, trouve, indignes de sa solitude hautaine de telles préoccupations. Il répondit : « Croyez-vous les relations sociales moindres entre la France et l'Allemagne que celles ici entretenues avec les autres pays étrangers, j'en doute ; mais je ne suis compétent. » Cela signifie, *d'après la construction de la phrase :* je doute que vous le croyiez, mais M. Mallarmé veut dire qu'il doute que les relations entre l'Allemagne et la France soient différentes de celles qui existent entre la France et d'autres nations : il faut bien qu'il se donne la joie de contredire l'évidence. « Quant à l'échange intellectuel, il me semble, dans ma partie, (*dans ma partie* est bien vulgaire pour un raffiné) depuis quelques années fervent — puisque Paris exalte Wagner et Berlin, aux *Blaetter für die Kunst*, naguère, a traduit Baudelaire. J'applaudis. » (1)

Rien de plus caractéristique que cette déclaration. Ainsi donc : deux peuples sont maintenus dans le culte du meurtre, toutes sortes d'entraves sont apportées par de rusés politiciens à une diminution de la barbarie ancestrale ; des lettrés et des savants voudraient réagir contre ces pratiques imbéciles, développer la solidarité aryenne — M. Mallarmé n'a cure de telles contingences. On joue Wagner à l'Opéra, M. Stefan George traduisit Baudelaire, le reste importe peu ; M. Mallarmé se glorifie de son incompétence.... Le *snob* admire fort ce beau détachement : c'est le triomphe de l'Art pour l'Art. En effet, à quoi bon toute la vie pourvu qu'on puisse ressasser des vers et se stupéfier avec de la musique ? Ce ratatinement de l'esprit, cette apologie du mandarinat sont les marques flagrantes de l'impuissance à sortir de soi même. Quand le poète est sain, il s'intéresse à *tout*. Le grand Pan lui plaît intégral. La Tour d'ivoire lui apparaît un habitacle bon pour les faibles et les énervés. Quand il est le Décadent, n'importe quoi qui le distrairait de ses mièvres modulations lui répugne. Ce qu'il admire c'est une sorte de cloître où déambuleraient de sémillants porte-toge. Et M. Mallarmé

---

(1) *Mercure de France*, No d'avril 1895.

s'écrie : « Notre échafaudage semble agencé provisoirement en vue que rien, analogue à ces recueillements privilégiés, ne verse l'ombre doctorale, comme une robe autour de la marche de quelques messieurs délicieux. »

Comme le Décadent se prive, de parti-pris, d'une foule d'émotions, comme ses mobiles de sensibilité sont fort restreints, il produit peu. L'œuvre de M. Mallarmé tiendrait en trois volumes assez exigus plus un volume de traductions. Il a passé la cinquantaine. De cette œuvre on peut mettre à part les poèmes et les proses de jeunesse. On y trouve des morceaux assez attrayants conçus et rédigés surtout sous l'influence de Baudelaire, un opuscule agréable : *l'Après-Midi d'un Faune*. Ces écrits témoignent d'une grande habileté à manier le vers, et d'un amour déjà excessif de la bizarrerie et du chantournement. (1) Ils sont dans la moyenne honorable des publications du Parnasse il y a trente ans. (2) Ensuite, la déviation commence et elle ne s'arrêtera point. La nuit monte : çà et là, M. Mallarmé pousse quelques soupirs mystérieux puis il s'enfonce de plus en plus dans les ténèbres où il espace ses petits airs de flûte et voici maintenant qu'il réclame « la restitution au silence impartial de tout. ».

Certainement il ne faudrait pas conclure que le petit nombre de livres mis au jour par M. Mallarmé marque *seul* la stérilité de ce poète. Elire l'argument qu'ils se vendent peu ce serait admettre le bas *criterium* des gros négociants de la littérature : les Montépin et les Emile Zola Toutefois on remarquera que de grands écrivains chers aux lettrés, peu goûtés des foules furent des laborieux malgré d'horribles difficultés d'existence.

---

(1) Deux poèmes sont fort beaux : le fragment *d'Hérodiade*, le *Tombeau d'Edgar Poe*.

(2) Il est à noter que lorsque ses adeptes conférencient sur l'œuvre de M. Mallarmé c'est *toujours* à des citations empruntées à ses premières poésies qu'ils ont recours afin de justifier leur admiration. *Apparition* fut récitée cent fois. Il serait cependant plus *crâne* d'exposer les énigmes où se complut définitivement M. Mallarmé puisqu'on les juge des absolus d'Art. Et puis les gloses à la manière polonaise nous vaudraient de la joie.

Verlaine laisse quinze volumes de vers, cinq de prose. L'œuvre de Barbey d'Aurevilly, romans et critique, est considérable. Il en est de même pour Villiers de l'Isle-Adam. Le fait de n'émouvoir qu'un public restreint, de trouver tout d'abord peu d'acquéreurs n'implique nullement l'impuissance mais bien la production infime lorsqu'elle s'allie à tout un système d'ésotérisme étroit marqué par de rares « sanglots sybillins » — ce qui est le cas de M. Mallarmé.

En conclusion : M. Mallarmé n'est ni un grand penseur ni un grand poète. En lui se résume et se concrète l'épuisement d'une école dominée par la folie intempérante de la forme. Il a trop cru aux mots et les mots l'ont perdu. Il est : le Rhéteur décadent par excellence. Enfin, on ne saurait trop le répéter, il nous apprit *comment il ne faut pas écrire*

L'influence, plus superficielle que profonde, de M. Mallarmé sur la génération poétique qui succéda au Parnasse s'explique aisément. Rebutés par les grossiers procès-verbaux des naturalistes, las des jongleries chatoyantes où se dépensaient les Parnassiens, les nouveaux-venus rêvaient un art synthétique au moyen duquel toute la vie intérieure s'exprimerait en symboles. Pour eux la nature — les apparences mouvantes — ne devait garder qu'une valeur de représentation, les phénomènes extérieurs étaient appelés à signifier les phénomènes de l'âme. M. Mallarmé avait eu avant eux un dessein assez analogue – on doit lui en tenir compte. Malheureusement engagé trop loin sur la pente aride où glissaient ceux de sa génération, se fiant aux seules sonorités verbales, dépouillées de toute liaison, pour exprimer des rapports d'images très complexes, il échoua. Mais les poètes récents ne se rendirent pas compte tout de suite de cet avortement. Séduits par *l'intention*, amusés, comme des enfants, aux chocs de vocables qu'on leur affirmait décisifs, qu'on leur présentait comme réalisant leur désir d'absolue beauté, ils se laissèrent suggestionner. Les écrits de certains s'en ressentirent : par exemple presque tous les premiers poèmes de M. de Régnier. Toutefois cette influence ne persista pas longtemps, l'empreinte s'effaça et bientôt ils se reprirent : chacun s'efforça de construire personnellement, selon le concept d'art exposé ci-dessus.

Mais plusieurs gardèrent à l'égard du rhéteur qui les avait

charmés par ses phrases insidieuses des sentiments d'excessive déférence un peu faits pour surprendre. Manquant de sincérité vis-à-vis d'eux-mêmes, ils vantèrent, ils défendirent le mauvais style, les pauvres raffinements, la rétention d'esprit d'un écrivain que singularisait uniquement son amour de l'exception, celle-ci fût-elle morbide. C'est ainsi que de très bons poètes, dont les vers concourent à la gloire de l'époque, se laissèrent aller aux apologies les plus étranges. M. Vielé-Griffin écrit que « Mallarmé intensifie la syllepse auguste du *Satyre* de Hugo. » (1) Voyez l'influence ! M. Vielé-Griffin écrit rarement en prose et, lorsqu'il le fait, c'est d'habitude avec élégance. Ici, l'on dirait que l'ombre de M. Mallarmé a passé sur sa tête. J'ouvre mon dictionnaire au mot *syllepse* et je lis : « Figure de grammaire par laquelle les mots s'accordent selon le sens et non selon les règles grammaticales ; exemple :

> *Entre* le pauvre *et vous, vous prendrez Dieu pour juge,*
> *Vous souvenant, mon fils, que caché sous ce lin,*
> *Comme* eux vous fûtes pauvre et comme eux orphelin.

M. Vielé-Griffin a-t-il voulu dire que l'œuvre de M. Mallarmé résume l'admirable poème panthéiste de Hugo en dehors des lois de la grammaire ? Peut être. A-t-il voulu, par hasard assimiler *l'Après-midi d'un Faune* au *Satyre* ? Ce serait excessif car *le Satyre* contient toutes les rumeurs de la vie tandis que *l'Après-midi* note seulement avec volupté l'émoi, l'effusion solitaire d'un faune mis hors de lui au souvenir des ébats d'une paire de nymphes callipyges. Il n'y a pas proportion. — Au surplus M. Vielé-Griffin doit très bien savoir que son œuvre entière, souriante, robuste et fleurie, s'oppose tout à fait aux malsaines rêveries de M. Mallarmé. Il n'en est que plus coupable. M. de Régnier cite avec grand éloge cette phrase incohérente extraite de *la Musique et les Lettres* : L'immense, celle du *bow window*, draperie, au dos de l'orateur debout contre un siège et à une table qui porte l'argent d'une paire de puissants candélabres seuls sous leurs feux. Le mystère ; inquiétude que : peut-être on le déversa ;

---

(1) *Mercure de France :* No d'Octobre 1895.

et l'élite rendant en l'ombre un bruit d'attention respiré comme autour de visages. » (1)

Que signifie ce burlesque divorce entre l'épithète *immense* et le substantif *draperie* séparés par une incidente ? Qu'est-ce que ces candélabres *seuls sous leurs feux* ? » Le *bruit respiré* ne peut guère se traduire que par *hoquet*. Quand on admire ou qu'on feint d'admirer ces débauches de mauvais français, il faudrait expliquer pourquoi on les admire, nous administrer quelques preuves en faveur de leur beauté. Ici rien de tel : M. de Régnier serait bien embarrassé s'il lui fallait analyser les motifs de sa vénération à l'égard de telles pauvretés.

M. Stuart Merrill écrivait jadis dans l'*Ermitage* que « l'influence de M. Mallarmé avait été néfaste. » Il me reprochait, avec raison, d'avoir trop ménagé cet écrivain dans un ancien article. Aujourd'hui, subitement converti, voici qu'il ne perd pas une occasion d'affirmer qu'il admire profondément M. Mallarmé.

D'où vient ce revirement ?

Comme, après tout, ces trois poètes — excellents bien qu'un peu trop politiques — peuvent montrer de belles œuvres à l'encontre de tels dires, leurs assertions seraient peu graves si elles n'avaient une répercussion parmi la jeunesse.

Force gens, sur la foi d'écrivains qu'ils aiment, s'estropient la cervelle, se faussent le jugement, patoisent pour se mettre à l'unisson des sottises *absconses* qu'on leur donne pour sublimes. Cela n'est pas bien important : il n'en peut résulter que quelques cas d'épilepsie littéraire chez les *snobs*. Les jeunes gens bien doués échapperont tôt ou tard à ces déviations. Mais parmi ceux-ci quelques-uns considèrent qu'on tentât de les tromper ; ils sentent qu'il y a malhonnêteté à prôner des écrits déplorables. Ils ont lu, et ils en veulent aux apologistes de leur désappointement. Ils ont mille fois raison d'autant plus qu'ils se purgent de ces égarements, en revenant à la nature (2). Aussi, pourquoi fournir

---

(1) *Mercure de France* : N° de Mars 1896.
(2) Il y a des symptômes faits pour réjouir : *Le Rêve et l'Idée : Documents sur le naturisme* ; *l'Effort* ; *la Revue rouge*, publications pleines d'enthousiasme vrai, éprises de la lumière et de la vie. — Voir aussi une étude de M. Pujo dans ce livre de bonne foi ; *le Règne de la Grâce*.

des armes à nos adversaires, les vieillards malveillants et les sous-zolistes ? Que leur répondre, quand ils nous reprochent notre goût de l'anormal, si nous nous entêtons bénévolement à défendre, contre nos propres aspirations, l'impuissance vaniteuse et la jouissance solitaire ?

Cette folie durera-t-elle ?...

Je me souviens d'un conte du danois Andersen : *Les Habits neufs du Grand-Duc*. Un grand-duc aimait à l'excès les vêtements somptueux et bizarres. Chaque jour il en inventait de nouveaux et quiconque lui apportait des modèles inédits était le bienvenu auprès de lui. Un jour, deux aventuriers débarquèrent dans sa capitale qui lui proposèrent un costume de cérémonie tellement magnifique qu'on n'avait jamais vu le pareil. En outre, vertu singulière, ce costume était *invisible pour les imbéciles*. Le grand duc charmé fit grand accueil aux aventuriers et commanda qu'on leur remît tout ce qu'ils demanderaient pour la confection de ces surprenants affiquets. On donna des étoffes précieuses, de l'or, de l'argent, des pierreries. Les deux aigrefins empochaient tout. Et, dans un atelier soigneusement clos, ils feignaient de besogner avec ardeur jour et nuit. Comme ils se calfeutraient depuis longtemps, le grand-duc impatient leur délégua son premier ministre, sexagénaire réfléchi chargé de savoir si le costume serait bientôt fini. Entré dans l'atelier, le vieux conseiller ne découvrit rien hormis un établi plane devant lequel un des filous coupait l'air avec de grands ciseaux tandis que l'autre piquait le vide d'une aiguille sans fil. Le ministre écarquilla les yeux, chaussa ses lunettes — mais il ne voyait toujours rien. « Miséricorde ! se dit-il, je n'aperçois pas le costume de Monseigneur... Je ne suis pourtant pas un imbécile. » Cependant les autres déployaient devant lui d'imaginaires vêtements : « Voici la culotte, voici le pourpoint, voici le manteau. Admirez cette richesse, Excellence.... Et c'est léger comme de la toile d'araignée. — Pour sûr, pensait le pauvre ministre, je suis un imbécile... Au moins que personne ne s'en doute. » Et tout à coup il se prit à crier : « C'est magnifique !... Je suis enchanté ! Je ferai le meilleur rapport à son Altesse. » Il s'en alla et il prit soin de vanter partout les habits qu'il avait *vus*. On en parla dans la ville entière. Cependant les aventuriers finirent par annoncer que le costume était fini. Le grand duc décida de la revêtir le jour même et de se promener dans les rues suivi de toute sa cour afin que ses sujets pussent contempler ce rare chef-d'œuvre. Les deux tailleurs, appelés au palais, exhibèrent, avec force vanteries — rien du tout. Le grand-duc surpris de ce néant, alarmé, reconnut en lui-même qu'il était un imbécile. « N'en parlons pas, se dit-il, ou l'on pourrait bien me détrôner. » Il mit bas sa chemise et les tailleurs firent le simulacre de l'habiller. Et tous les courtisans à chaque pièce nouvelle qu'ils annonçaient s'exclamaient en chœur : « Superbe ! Sublime ! Jamais le grand-duc n'a été si bien habillé. » Quand tout fut soi-disant ajusté, les filous se retirèrent et le grand-duc — tout nu — sortit suivi en grande pompe de ses dignitaires les plus éminents. Dans les rues, sur les places, la foule regardait avidement. Et comme personne ne voulait passer pour un imbécile, c'était un concert étourdissant d'éloges et d'acclamations. L'un louait le manteau, l'autre le pourpoint, celui-ci la culotte et celui-là les bas. Soudain un petit maudit mendiant qui était parvenu à se glisser au premier rang de la foule, après avoir regardé longuement le grand duc, s'écria d'une voix perçante : « Mais il est tout nu ! » Une rumeur se fit. Une bonne femme répéta : « Sur ma vie, il est tout nu ! » Il y eut un grand silence. Puis la vérité *s'imposant* à tous, mille voix répétèrent : « Il est tout nu ! Il est tout nu ! » Cependant le grand-duc se pavanait glorieusement et les courtisans méprisaient cette tourbe ignare, quand une averse se mit à tomber qui, s'ajoutant aux huées, prouva, en la trempant, qu'en effet son Altesse était toute nue. Par la ville, on fit des gorges chaudes de cette aventure. Un proverbe en resta. On disait de celui qui se vantait de posséder certains secrets extraordinaires lesquels se trouvaient, à l'énoncé, n'être que fadaises : « Il porte les habits neufs du Grand-Duc ! »

Tirez la morale.

Il était nécessaire que quelqu'un protestât contre les charlataneries plus ou moins conscientes qui sont à la mode touchant M. Mallarmé. Pour l'honneur des lettres, pour le bon renom de notre génération, je l'ai fait sincèrement, sans réticences et sans arrière-pensées. Cela me vaudra sans doute une fois de plus le plaisir d'être traité : d'iconoclaste, de fauteur de scandale, de barbare et surtout d'envieux. Les injures ne me touchent guère : j'ai la certitude d'avoir rempli un devoir. Et, bien plus, *je sais que beaucoup*, non des moindres, m'approuvent qui n'osent encore déclarer leur sentiment, retenus qu'ils sont par des scrupules de coterie. Je sais aussi *qu'avant dix ans* tout le monde me donnera raison : les emballés, les naïfs, les *dilettanti*, les plénipotentiaires entre la chèvre et le chou — et même les *snobs*. En attendant, je consens volontiers à subir la peine due à mes dires sacrilèges. Que les grands-prêtres du mystère m'excommunient s'ils le jugent à propos J'ai parlé selon ma conscience : dussé-je rester ostensiblement seul de mon avis — je suis content.

IX

ENCLOS FLEURIS

M. Léon Dierx : *Poésies complètes, 2° volume* (chez Lemerre). — M. Emile Goudeau : *Chansons de Paris et d'ailleurs* (chez Charpentier). — M. Edmond Pilon : *Les Poèmes de mes soirs* (chez Vanier). — M. Michel Abadie : *Le Pain qu'on pleure* (Bibliothèque de l'Association). — M. Tristan Klingsor : *Filles-Fleurs* (Mercure de France). — M. Edouard Ducoté : *Aux Ecoutes* (Librairie de l'Art Indépendant). — M. Charles Guérin : *Le sang des crépuscules* (Mercure de France). — M. Edmond Jaloux : *Une âme d'automne* (chez Flammarion). — M. Francis Jammes : *Un Jour* (Mercure de France). — M. Emile Verhaeren : *Les Villes tentaculaires* (chez Deman).

Le fait de publier un livre de vers prend aujourd'hui une importance tellement capitale que les poètes devraient réfléchir longuement avant d'offrir au public idolâtre le résultat de leurs frénésies, puisque chacun d'eux contient peut être le chef à venir de la littérature. En effet, l'élection par bulletins de vote, ailleurs méprisée, tend à s'établir chez nous. Des candidats évincés protestent... Et le conciliabule roman — rhéteurs dont les uns sont intéressants, les autres, félibres et saugrenus — réclame un scrutin de ballottage. Ces choses sont fort admirables; toutefois l'organisation en semble encore par trop rudimentaire. Il est urgent, vu les mœurs nouvelles, que la poésie s'assure d'un local où l'on puisse discuter les tendances et la technique des divers concurrents aux postes enviés de Dieu, sous-Dieu et apprenti-Dieu du lyrisme. La constitution de comités électoraux s'impose également. Les prosateurs entreront, sans nul doute, dans ce branle remarquable. Le suffrage universel, *criterium* sans second, comme on sait, triomphera de toutes parts...

C'est donc pourquoi les poètes feront bien, à l'avenir, d'agencer leurs strophes de façon à ce qu'elles déterminent en leur faveur le plus grand nombre de bulletins possibles. Le génie, par surcroît, ne sera pas interdit mais il y aura lieu de veiller à ce qu'il ne détourne pas les gens avisés d'employer certaines petites pratiques anodines grâce auxquelles il sera permis de récolter des voix : la dédicace aplatie a quelque influence notoire est fort indiquée et aussi l'emplâtre posé sur les blessures faites à l'amour-propre des Chers Maîtres. Enfin, pour conformer tout à fait le gouvernement de la poésie au brillant système qui assume la charge de nous diriger dans l'existence, on pourrait décider que le prince élu règnera sept ans. Naturellement, il aurait le droit de se représenter cette période écoulée. Et son passage au pouvoir lui permettrait d'acquérir des lumières touchant les maux dont souffre notre art : entre autres, la tendance au charabia mystérieux. Il proposerait des réformes, il distribuerait des certificats de bonne conduite lyrique. Il renforcerait son programme de déclarations bien senties. Il donnerait un spécimen de son physique, un aperçu de ses goûts, un exemple de ses vers. — Ainsi M. François Coppée afficherait un extrait du singulier petit recueil qu'il intitule *Son Franc-Parler* : « Moi, répèterait-il, j'ai la tête de Napoléon ; il paraît que ma physionomie excite les statuaires et les peintres... Ma vieille malle est usée — je vais aller en acheter une neuve au Bon Marché... A Venise, le croirait-on, j'ai fait des vers sur Vaugirard !...

Depuis plus de quinze ans, le nommé Marc Lefort
Est mécanicien sur la ligne du Nord. »

Il pourrait aussi risquer la citation du vers qui, selon Villiers de l'Isle-Adam, résume son génie :

Donnez-moi de l'argent CAR j'adore ma mère.

M. Zabulon Mendès clamerait ces phrases extraites de ses sublimes articles : « Moi je suis comme Ninon de l'Enclos : toujours jeune ! — J'aime à souper avec beaucoup de jolies femmes. — Mort au chef de claque ! »

> *J'ai mangé, menu dont s'atterre*
> *La faim banale d'un notaire,*
> *Des côtelettes de panthère.* »
> La Vigne des Grives (p. 17).

M. Mallarmé, prince régnant, dirait seulement : « Je réclame la restitution de *tout* au silence impartial. »
M. Moréas, bon poète quoique vice-roi, soulèverait le pavé de l'ours sous lequel il gît momentanément écrasé pour s'écrier :

> *Que l'on m'emporte dans la ville*
> *Où je serai le Kahn !*

Il y aurait lieu aussi de procéder à une organisation administrative des banquets. — Quoi de plus touchant que ces réunions dont voici la synthèse : « Notre ami Untel a bien du talent... Si nous mangions du saumon sauce verte ? » Ici encore, M. Nephtali Mendès pourrait donner de précieuses indications. Il préside volontiers les agapes *kasher* où l'on célèbre son amulette officielle et où il se remet de ses papotages journalistiques en exaltant le violent amour qu'il porte aux Jeunes. Au dessert on se partage la bénédiction du grand rabbin et les douze tribus dansent autour de l'arche.

De la sorte, par bouts de papiers électoraux, candidatures, professions de foi, banquets, etc. la littérature accouchera peut-être d'un chef d'œuvre. Elle aura de plus la satisfaction d'agir selon la sainte Démocratie et de se conformer aux immortels principes que nous portons tous dans notre cœur...

Assez sur ce sujet car, au fond, les niaiseries parlementaires auxquelles s'appliquent maints poètes sont plus navrantes que risibles. La morale à déduire de ces amusettes est celle-ci :

peut-être que le meilleur poète actuellement vivant, *personne* ne le nomma. Qui sait s'il n'existe pas, dans quelque coin, un individu ignoré dont les rythmes, si nous les entendions, appelleraient notre acclamation unanime ?... En tout cas, malgré le talent qui s'y révèle, les livres que nous allons examiner ne paraissent pas promettre l'advenue de ce peu vraisemblable phénix.

Parmi les écrivains du Parnasse, M. Léon Dierx est à peu près le seul vers qui se porte encore l'admiration des poètes nouveaux. Laissant de côté ses évocations hindoues et scandinaves, à la manière de Leconte de Lisle, on goûte le charme mélancolique de ses poèmes intimes, leurs rythmes chuchoteurs et leurs plaintes amoureuses parmi un décor de nature un peu frêle, infiniment doux. Ce sont des murmures de sources sous bois faits pour ravir. Il faut dire cependant que, dans ce deuxième volume de ses œuvres complètes, les *Paroles d'un vaincu* ne retiennent plus guère. Si, en 1870, les Allemands avaient eu le dessous, il est probable que leurs poètes se seraient lamentés comme le firent maints des nôtres. Au lieu des cuirassiers de Reischoffen mis en vers humides et sanglotants il y aurait eu les hulans de N'importe-Où. Ce sont là des oraisons funèbres à l'usage des soudards — rien de plus.

Mais, aujourd'hui, cette poésie de circonstance intéresse peu ceux qui, chez l'un et l'autre peuples, tiennent les conflits internationaux pour des querelles de gorilles excitées par les plus malins de chaque horde à leur profit exclusif. L'idée de patrie laisse indifférent, a même pour adversaire quiconque se sent capable de s'élever au-dessus du fétichisme carnassier qu'elle développe dans les mentalités inférieures. Les peuples s'égorgent, les dirigeants s'engraissent : seul point de vue à envisager. Et, au surplus, les Allemands en France ne commirent pas le quart des déprédations commises par les Français en Allemagne. Les vaincus sont aussi stupides que les vainqueurs puisque, bénévolement, ils ont accepté de se faire détruire pour les intérêts d'une poignée de filous. Aussi, chaque fois qu'une patrie se laisse battre, il faut applaudir — elle l'a bien cherché.

Toutefois, à l'époque où M. Dierx écrivit ces strophes apitoyées, l'idée de réconciliation des peuples malgré les calculs des dirigeants ne s'affirmait pas encore comme de nos jours chez les intellectuels. Il faut aussi tenir compte à M. Dierx de ceci qu'il a déploré surtout les massacres sans insulter par trop des envahisseurs dont le seul tort était de mieux appliquer l'art de supprimer son prochain que ne le faisaient les envahis. A M. Dierx s'écriant :

Hélas ! dis-nous, chanteur cruel,
Quand finiront les cris de haine,
Quand cessera la gloire humaine
D'être un vain meurtre mutuel ?
Vainqueurs, vaincus, à tour de rôle,
Tous ont dressé, courbé l'épaule.
Quel jour enfin, par tous fêté,
Fera, de l'un à l'autre pôle,
S'unir en paix l'humanité ?

il faut répondre : « *Quand nous le voudrons ;* quand nous ferons, par exemple, la grève des conscrits.... » Certains s'y emploient. Mais si nous avons la naïveté d'attendre que les gouvernances donnent le signal du désarmement, nous languirons longtemps car jamais, de bon gré, elles ne supprimeront leur soupape de sûreté : la guerre. Que chacun, pour son compte, par réflexion, par paroles, par actes, s'émancipe du servage militaire, répande, selon ses moyens, dans le bétail à massacres, le sentiment sauveur de l'indiscipline, et l'engrenage patriotique qui nous broie se désagrégera....

Les poèmes qui suivent *les Paroles d'un Vaincu* leur sont bien supérieurs. Il y a *Croisée ouverte, l'Escorte, les Germes,* rêveries exquises ! D'autres encore.... celui-ci :

AU JARDIN

Le soir fait palpiter plus mollement les plantes
Autour d'un groupe assis de femmes indolentes
Dont les robes, qu'on prend pour d'amples floraisons,
A leur blanche harmonie éclairent les gazons.
Une ombre par degrés baigne ces formes vagues ;
Et sur les bracelets, les colliers et les bagues

> *Qui chargent les poignets, les poitrines, les doigts,*
> *Avec le luxe lourd des femmes d'autrefois,*
> *Du haut d'un ciel profond d'azur pâle et sans voiles*
> *L'étoile qui s'allume allume mille étoiles.*
> *Le jet d'eau dans la vasque au murmure discret*
> *Retombe en brouillard fin sur les bords ; on dirait*
> *Qu'arrêtant les rumeurs de la ville au passage,*
> *Les arbres agrandis rapprochent leur feuillage*
> *Pour recueillir l'écho d'une mer qui s'endort*
> *Très loin au fond d'un golfe où fut jadis un port.*
> *Elles ont alangui leurs regards et leurs poses*
> *Au silence divin qui les unit aux choses*
> *Et qui fait, sur leur sein qu'il gonfle, par moment,*
> *Passer un fraternel et doux frémissement.*
> *Chacune dans son cœur laisse en un rêve tendre*
> *La candeur de la nuit par souffles lents descendre ;*
> *Et toutes, respirant ensemble dans l'air bleu*
> *La jeune âme des fleurs dont il leur reste un peu,*
> *Exhalent en retour leurs âmes confondues*
> *Dans des parfums où vit l'âme des fleurs perdues.*

Quels beaux vers ! Et comme on aime M. Dierx de les avoir écrits....

M. Emile Goudeau est un poète un peu hétéroclite. Il célèbre pêle-mêle l'acide azotique et la potasse, les pompiers de Nanterre et le bal de l'Opéra. On appelle, je crois, cela le modernisme. — Si beaucoup de ses poèmes nous laissent indifférents, quelques-uns peuvent plaire une minute comme plaît une cigarette après dîner : *Soir de Paris* par exemple. En tout cas, ses plaisanteries surpassent à coup sûr celles de cette pitoyable rhapsodie : *la Grive des Vignes*. Elles sont écrites en meilleur français.

M. Goudeau a eu le malheur d'être loué par M. François Coppée (1).

Des poètes de la génération qui suit la nôtre, M. Edmond

---

(1) On me dit : « Pourquoi insister touchant ces vieux journalistes abrutis par des débauches de chroniques ? » Leur influence sur la littérature est nulle. Leur opinion ne compte pas. Leur animosité est un titre à la gloire. » Je réponds : « C'est par pitié. Nous leur fournissons quelque chance d'attirer l'attention de la postérité, fut-ce pour la faire rire. »

Pilon est l'un des plus intéressants. Il a publié des études excellentes sur le mouvement littéraire contemporain. Pour ses vers, s'ils portent, çà et là, la marque d'influences qui se contrarient, ils révèlent tout de même des qualités lyriques de premier ordre : de belles images, une science déjà sûre des rythmes libres et de délicieux passages de mélancolie. Certes, M. Pilon donnera l'œuvre promise par ce début musical et chatoyant. Voici un poème d'une grâce toute tranquille :

LA MAISON EN FLEURS

Le buis qui s'abandonne au bercement des palmes,
Le houx qui tresse l'émeraude de ses feuilles
Et le lierre d'automne ont poussé sur mon seuil
Et vêtu le toit bas de ma demeure calme.

Les oiseaux sont entrés par les portes ouvertes,
Les rêves sont venus par les portes d'entrée
Et les fleurs de l'avril ont paré à l'aube verte
Le silence et la paix de ma maison sacrée.

Un printemps de guirlandes orne ma fenêtre,
Les liserons et les lauriers-roses me hantent
Et j'écoute parmi tant d'allégresses naître
Les cris et les appels des rossignols qui chantent.

Et maintenant j'attends que survienne ma sœur,
L'enfant reine du soir et reine des parfums
Dont les pas si légers de venir du matin
Passeront le printemps de mes portes en fleurs....

M. Michel Abadie a la grandiloquence. Ses vers, parfois sonores comme des clairons d'argent clair, parfois jaseurs comme des flûtes, veulent être clamés. Ils sont d'un amoureux débordant, heureux de jeter au pied de l'Aimée toutes les fleurs et tout son cœur. Puis autour de ces effusions passionnées, se dessinent de délicieux paysages. Il sent la nature. Et il possède une parfaite science du métier. Il est un très bon poète. Quelques vers :

> *La barque nostalgique allait heureuse et fière*
> *Et sur les tamaris lointains des bleus îlots,*
> *Des bourgades de rêve accrochaient des faluts.*
> *Le crépuscule en toi suscitait des prières.*
>
> *Le soir pensif et doux mourut sur la rivière,*
> *Nos songes alanguis laissaient jaser les flots.*
> *Les feuillages penchés et pâles des bouleaux*
> *Semblaient dans la nuit d'or des femmes en prières.*
>
> *Les oiseaux suspendaient des flammes aux voilures,*
> *La brise nous laissait aux lèvres des brûlures*
> *Immenses comme après des baisers surhumains.*

Tout l'art évocatoire de M. Abadie tient dans ces strophes d'une si parfaite allure.

Le Pain qu'on pleure s'ouvre fâcheusement sur le sonnet que M. Armand Silvestre refait six cents fois par an depuis un demi-siècle.

Les *Filles-Fleurs* de M. Tristan Klingsor, ce sont de frêles petites tapisseries tissées d'une façon assez lâche. Ces vers, parfois un peu mous, vacillent dans une atmosphère de légende comme des oiseaux blessés puis s'unissent pour des chansons agréables :

LILIANE

> *Le jouvenceau s'en est allé vers le bois*
> *Cueillir le romarin et le serpolet ;*
> *Liliane cueille des prêles aux bois.* (1)
>
> *Le jouvenceau se mémorait de vieux lais*
> *Pour les redire à sa Belle aux jolis doigts ;*
> *Liliane chante au bois des virelais.*

---

(1) Elle doit se piquer les mains car les prêles portent des épines.

> *Le jouvenceau s'en est allé vers le bois*
> *Cueillir du romarin et du serpolet :*
> *Le jouvenceau n'est pas revenu du bois.*

Cela est un peu mièvre et un peu *rocaille*, mais il y a du charme.

Quant à M. Edouard Ducoté, il est un sentimental. Il ne faut point le lui reprocher car le sentiment peut suggérer des choses exquises. Donc M. Ducoté s'attarde aux baisers sur des mains féminines et caressantes. Il s'attriste facilement et se console de même. Ses vers d'une facture assez hésitante essayent tous les rythmes. Il réussit ou il échoue, semble-t-il, « au petit bonheur de la fatalité » comme disait Laforgue. Voici quelques strophes, bellement écrites et pensées de même :

> *Notre être est une ville à tant d'aspects divers*
> *Que toutes les cités semblent à notre image*
> *Et sont un livre grand ouvert*
> *Où se lit notre vie au courant du voyage.*
>
> *Dans celles closes de murs gris,*
> *Prisons où s'agite la foule,*
> *Le spleen comme une fine pluie en nos cœurs coule*
> *Et le fleuve de l'heure se déroule*
> *Le long de nos désirs imprécis.*
>
> *Quand nous allons entre ces villas peintes*
> *Dont les balustres sont chamarrés de rosiers*
> *Et les massifs illuminés de mille teintes,*
> *Nos ennuis sont répudiés.*
>
> *Et l'ivresse de respirer fait sur nos lèvres*
> *Fleurir un bouquet de chansons.*
> *Dans l'azur parfumé nous passons*
> *Et la mer d'amour bat nos flancs comme une grève...*

Les vers de M. Charles Guérin sont beaucoup moins plaisants. Il y est trop question de tristesses vagues, d'ennuis sans cause, de spleen, de malaise et de maladie. Puis les miasmes regrettables du catholic sme s'y diffusent. En tant que technique propre au sujets énervés élus de préférence par M. Guérin, ils sont fort bien faits. Parfois pourtant, parmi toutes ces langueurs et ces plaintes solitaires un sentiment plus sain se fait jour :

*La voix du soir est sainte et forte,
Lourde de songe et de parfums
Et son flot d'ombre me rapporte
La cendre des espoirs défunts.*

*J'ai dit à l'amour qu'il s'en aille
Et son pas d'aube, je l'écoute
Qui dans la gaieté des sonnailles
S'étouffe au tournant de la route.*

*La douceur de ce soir témoigne
De la bonté calme des choses.
Je voudrais vivre : qu'on éloigne
Le vin où macèrent des roses.*

*Qu'on éloigne les mot subtils,
Les rythmes triples en tiares,
Les stylets stellés de béryls
Et les simarres d'or barbare.*

A la bonne heure ! Il y aurait bien d'autres choses à éloigner encore.

Mais il faut espérer que M. Guérin fait tout ce qu'il peut pour cela.

M. Edmond Jaloux ne témoigne pas encore d'une personnalité bien dégagée. Pourtant plusieurs de ses vers sont agréables. Qu'il se répète souvent, pour résister au *vague à l'âme* fâcheux qui le menace, cette jolie strophe :

Et le vieux Spleen au dos courbé descend la sente
Et l'amour et l'espoir viennent en dansant
   Vers les passantes
  Et l'âme du printemps
 Fait palpiter les cœurs et les corolles
Et la vie en chantant se fait une auréole
De rayons de soleil et de parfums troublants
   Et s'enveloppe
De la moisson des pommiers blancs
Des résédas et des héliotropes.

M. Francis Jammes, — c'est un personnage surprenant. Ses vers évoquent tour à tour, avec une intensité violente, des coins de paysage charmants et de grossières images d'Epinal — ou pire encore. On y trouve des impressions justes parmi un fatras déplorable. Il ignore le rythme, la mesure et la science de la composition. Et pourtant, de loin en loin, il faut détacher de ses poèmes débraillés d'allègres aquarelles. Quand il écrit *l'Odeur de l'évier*, il apparaît malpropre. Quand il écrit telles strophes d'*Un jour*, il est exquis. S'il est sincère, c'est un intéressant spécimen de décadent, s'il se moque de nous, le don qu'il possède de noter certains aspects de nature le trahit. On soupçonne sa naïveté d'être feinte, cependant.... En somme, on dirait un vieillard qui aurait des yeux d'adolescent — un parfait monstre. Voici un fragment : sont-ce des vers ? Est-ce de la prose ? Jugez : « Dans la salle où sentent bon les fruits, elle coud le linge blanc près des capucines qui font penser à mademoiselle Linné. C'est la mère douce aux cheveux blancs dont tu es né. Il y a un grand calme qui tombe de la vigne. La chatte sur la pierre chaude s'étire en bâillant ou roule au soleil son ventre blanc. Ta chienne allongée allonge un museau pointant entre ses pattes allongées, courtes et frisées. Le ciel clair comme l'air entre par les croisées. Dieu te rendra bon comme les hommes et doux comme le miel, la méture et les pommes où se collent les guêpes en or tout empêtrées. Ta mère douce coud dans la salle à manger où sentent bon les fruits près de ta fiancée. »

Enfin, voici l'homme fort, celui qui renversa triomphalement maintes tours d'ivoire et qui, aimant toute la vie, nous vaut enfin une sensation épique : ce splendide Barbare, Émile Verhaeren.

Celui-là ne s'attarde pas à ses seules émotions. Épris de la beauté formidable des cités modernes et de l'effroi qui vient au poète par les ténèbres sur la campagne hallucinée, il hurle un hurlement d'horreur devant l'humanité telle que nous la firent les sociétés déprimantes et les civilisations mensongères. Hagard, hanté par des visions de cataclysmes et d'apocalypses, il s'épouvante à cause de toutes les prostitutions, de tous les crève-la-faim, de tous les traîne-guenilles. Son âme est comme un orgue d'airain où rugissent les malédictions et les sanglots des Pauvres. Son art affolé, tordant la langue, culbutant les métaphores, vole en foudre. Il est le Northman qui fouaille les gallo-romains affolés. Et son vers claque sur les Ventres régnants, sur les Fesses prépotentes comme un fouet aux lanières de feu, aux griffes de rubis. Il dit : l'Action ; il dit la révolte. Et les dieux, ces groins, et les maîtres, ces fouines, s'enfuient en glapissant, en répandant le sang et le pus qu'il fait jaillir de leurs larges ulcères. Oyez :

UNE STATUE

Un bloc de bronze où son nom luit sur une plaque.

Ventre riche, mâchoire ardente et menton gourd ;
Haine et terreur murant son gros front lourd
Et poing taillé à fendre en deux toutes attaques.

Le carrefour, solennisé de palais froids,
D'où ses regards têtus et violents encor
Scrutent quels feux d'éveil bougent dans telle aurore,
Comme sa volonté se carre en angles droits.

Il est celui de l'heure et des hasards bizarres,
Mais textuel, sitôt qu'il tint la force en main
Et qu'il put étouffer dans hier le lendemain
Déjà sonore et plein de cassantes fanfares.

Sa colère fit loi durant ces jours bêtes
Où toutes voix montaient vers ses panégyriques,
Où son rêve d'état strict et géométrique
Tranquillisait l'aboi plaintif des lâchetés.

Il se sentait la force étroite et qui déprime,
Tantôt sournois, tantôt cruel et contempteur,
Et quand il se dressait de toute sa hauteur
Il n'arrivait jamais qu'à la hauteur d'un crime.

Massif devant la vie, il l'obstrua, depuis
Qu'il s'imposa sauveur des rois et de lui-même
Et qu'il utilisa la peur et l'affre blême
En des complots fictifs qu'il étranglait, la nuit.

Si bien qu'il apparait sur la place publique
Féroce et rancunier, autoritaire et fort,
Et défendant encor, d'un geste hyperbolique
Son piédestal bâti comme son coffre fort.

Cette revue au galop d'un tas de poèmes, cette dégustation d'un *arlequin* de lyrismes suggère quelques réflexions. Malgré bien des tâtonnements, des hésitations, des défaillances, quoique éduqués à voir les choses à travers les livres et non par leurs propres yeux, les poètes nouveaux, enfin saufs des fondrières où faillirent les enliser ces faux Pégase aux ailes de chauve-souris : les charabiaïsants, les paresseux et les dyspeptiques, montent vers la lumière. Il y a dans tous les livres que nous venons d'étudier, une tendance à rentrer dans la nature, un goût passionné du paysage faits pour réjouir. Tandis que la société bourgeoise lourde de vieille graisse, soûle d'égoïsme, éructant des renvois d'or, vomissant ses patrioteries dégringole dans l'abîme boueux où elle va bientôt se noyer, voici que l'aube de la Révolution sociale rougeoie déjà au bord du ciel trouble. Réveillée, sans bien s'en douter elle-même par ces rayons précurseurs, la jeunesse lyrique arrache la taie chassieuse qui lui bouchait les yeux. Elle sort du rêve abruti où elle se rongeait, tassée sur soi-même, amusée à gratter ses plaies, à gémir sur sa belle âme méconnue et à mépriser nos frères d'en-bas qui peinent et qui souffrent. Cette adolescence, ce printemps sacré, hier dévoyé, enfin reconquis à l'action, s'aperçoit que la vie est magnifique pourvu qu'on *veuille* l'aimer.

En vain les trois larrons d'énergie, le pessimisme, le christianisme, le satanisme tendent leurs traquenards sur la route où elle avance, elle évitera les pièges. Tout avide de la force que lui dispensent les grands vents âpres, purificateurs des cités purulentes et les roses verseuses d'arômes robustes, elle marchera vers l'avenir avec orgueil. Elle saura que si, aujourd'hui, elle foule aux pieds la pourriture des cimetières, demain prendra tout ce fumier pour en faire éclore de sublimes floraisons.... Schopenhauer, cette canaille insidieuse lui dit : « Pour ceux qui ont converti et aboli la Volonté, c'est notre monde actuel, ce monde si réel avec ses soleils et toutes ses voies lactées qui est le Néant. » (1) Elle lui répond : « Imbécile, tu n'es qu'un fakir. Le soleil c'est notre père. La voie lactée, vigne brasillante épandue aux treilles du ciel, nous verse un vin radieux. Toi tu nous offres le Nul où se liquéfie ton Moi ? Nous préférons : *vouloir.* »

Le christianisme lui dit : « Refoule la chair, élague tes passions, barbouille-toi de cendre, revêts un cilice ; la vie c'est le mal : aspire à la mort. » Elle lui répond : « La mort n'existe pas. Que m'importe de rentrer au Tout toujours vivant, pourvu que j'aie vécu selon moi-même pareil à l'arbre qui pousse, pareil à l'univers qui marche, pourvu que je jouisse, que je souffre — que j'aime. » Le christianisme reprend : « Vois mes saints. » Elle répond : « De Phryné offrant à tous sa gorge éclatante ou de sainte Angèle de Foligno qui suçait des croûtes de lépreux, je choisis Phryné. Fustigez-vous, macérez-vous, claquez des dents à cause de l'enfer, allez au couvent, puisque la vie vous épouvante. Moi je la veux intégrale. Et dussé-je, pour l'obtenir, renverser la société qui me gêne, je la possèderai — malgré les malades. »

En effet le christianisme est une maladie contractée par l'espèce. Il est le frère jumeau du pessimisme car dans tout pessimiste il y a un catholique virtuel. Pour preuve : de nos jours, Joris

---

(1) Voir Schopenhauer : *le Monde comme volonté et comme représentation* : ch. IV : *la Volonté s'affirme puis se nie*, in fine.

Huysmans, autrefois, Augustin d'Hippone. Mais la doctrine s'effondre et le plus sûr symptôme de sa ruine c'est l'opportunisme de M. Pecci-Vatican.

Il faut y insister : surtout depuis la Renaissance, la lutte dure entre la vie et la mort, entre le christianisme et l'humanité. A la face des prêtres qui dressaient leur *quemadero* contre la pensée, Rabelais s'écriait : « Rire est le propre de l'homme » ce qui signifie : la conquête de son bonheur *sur la terre*, voilà le but de l'humanité. Puis vinrent les guerres, les querelles, les fourvoiements car toute évolution est pénible. Mais l'homme gagnait toujours sur Dieu. Même aux époques qui semblèrent s'égarer dans la logomachie, la révolte l'emportait. Ainsi, pour ne prendre qu'un exemple, au XVIII° siècle, lorsque commença la défaite définitive du christianisme Voltaire eut tort de ne considérer dans les querelles des jésuites avec les jansénistes que le litige byzantin. Il ne s'agissait pas seulement de congruisme, de grâce efficace, de grâce suffisante et autres solennelles fariboles inventées pour amuser le tapis et permettre aux moines de babiller. Il y avait, par exemple, la lutte de tout un peuple contre la constitution *Unigenitus*, symbole d'infaillibilité imposé par le noiraud Le Tellier et par la Maintenon, putain protestante repentie au vieux Roi-Soleil fistuleux. Ce n'est pas pour rien que les gallicans en appelaient des persécutions au futur concile, par haine de la papauté envahissante. La révolte était en eux. Puis elle passa des catholiques dissidents aux philosophes et contribua, pour une part, à la Révolution. (1)

La Révolution a eu pour résultat *immédiat* et momentané une transmission de pouvoir des mains de la caste guerrière et religieuse aux mains de la caste mercantile. Mais elle eut aussi un résultat éternel : l'abolition du droit divin, le développement sans bornes de l'esprit d'examen l'avènement de la science : c'est-à-dire la victoire assurée à l'homme sur les fantômes qu'il se créa jadis.

---

(1) Je n'ai pas parlé du protestantisme quoiqu'il ait aidé jadis à l'émancipation de l'esprit humain. C'est que, comme l'a très bien dit Bakounine « le protestantisme n'est qu'une sorte de sauve-qui-peut religieux. »

Il y eut des réactions: le catholicisme se réfugia aux amulettes, aux miracles, à l'exagération du principe d'autorité. On inventa le Sacré-Viscère, les jongleries hystériques de Lourdes; l'infaillibilité papale fut proclamée au concile de 1869. Mais malgré la propension de la foule à se ruer aux fétiches, malgré les efforts désespérés où se dépensèrent les catholiques pour maintenir le Manitou qui leur valait la domination et de grands profits, l'esprit d'examen avançait toujours. Les Malins du catholicisme ont essayé de cent déguisements pour se maintenir; ils se sont dits républicains; ils se sont dits socialistes; au besoin, ils se diraient anarchistes. Les Sincères eux, se sont crevés les yeux et ils ont reculé éperdument. Voici le phénomène, analysé par les physiologistes, qui a lieu en eux. Lorsqu'un organe autre fois nécessaire au développement d'une espèce lui devient inutile et par suite gênant, la fonction qui le produisit ne s'abolit pas brusquement chez tous. Mais, tandis que les individus, chez qui se détermine le caractère variabilité, s'en débarrassent sans trop de peine pour évoluer plus à l'aise, selon d'autres besoins, les individus, chez qui cette fonction prédomina la *subissent* plus fortement. Elle s'exagère en eux en proportion de son affaiblissement chez les évolutifs. Alors au lieu de progresser selon le rythme général de leurs semblables d'hier, ils entrent en régression. Et, refaisant *à rebours* le chemin parcouru jadis par toute l'espèce, ils reprennent peu à peu les caractères de l'individu tel qu'il était au moment où la fonction devenue inutile avait sa raison d'être. Puis avant de disparaître, ils produisent des hybrides parfois très beaux mais stériles comme tous les hybrides (1).

Cette observation est applicable dans l'ordre intellectuel et dans l'ordre moral.

Il en va donc ainsi pour le christianisme. Ceux que la régression catholique possède, épouvantés, hargneux ou lamentants en présence de la marche générale de l'humanité vers la suppression de cet organe vestigiaire: la foi, redeviennent tout pareils aux plus extrêmes hallucinés du Moyen-Age. Ils ne sont plus bons qu'à faire des moines. Et ils se précipitent dans le sens *adoration* comme

---

(1) Voir Darwin, *passim*; Haeckel: *Anthropogénie*.

les plus avancés des émancipés se précipitent dans le sens volition. D'ailleurs rien de tranché. Il y a des gradations ; par exemple, ces intermédiaires inquiets qui s'intoxiquent d'écrits catholiques, voudraient réconcilier la religion et la science, la vie et la mort et regrettent de n'avoir plus la foi. Ceux-là sont fort curieux... De même il dut y avoir, au premier âge de notre race des anthropoïdes qui, à peine devenus des hommes, regrettaient la queue prenante du chimpanzé que fut leur ancêtre. Ils affirmaient sans doute aussi à leurs frères qu'il serait bon de marcher de temps en temps à quatre pattes. Les hésitants entre l'ombre et la lumière leur ressemblent.

Le satanisme a moins d'importance. Ici ce ne sont plus des hybrides, ce sont des avortons dont il s'agit. Certains sous-catholiques impulsifs, enragés de la banqueroute de ce Bon Dieu sur lequel ils avaient placé leurs espérances, se sont retournés vers le Diable — un certain Diable. Ce n'est pas celui en qui l'instinct de l'espèce incarna sa révolte contre l'Adonaï stupide et rancuneux : une poussée de nature tentant vers leur épanouissement normal les individus dévoyés à force de souffrances et de mysticisme imposé. C'est l'enfant boudeur et puni qui fait des niches à son grand-papa. Au fond : parade sans écho. Ce diable épris de sadisme et de saletés ne séduit que les avachis qui ont besoin pour sentir de se griffer au sang. Le satanisme à la mode n'est pris au sérieux que par le *Snob* effaré des pourritures: M. Jean Lorrain ou par ce détraqué intéressant: M. Huysmans. Il y a aussi Jules Bois; mais Jules Bois est surtout un charmant conférencier. Quant à leurs adeptes : quelques caillettes et un certain nombre de neurasthéniques. Quiconque digère bien, aime normalement s'esclaffe de rire devant la messe noire du chanoine Docre, la tient pour une pasquinade lugubre et chasse avec des croquignoles sur le nez, son Altesse des flueurs sombres : la princesse des ténèbres.

Tous ces déviés auront beau nous vanter, en ouvrant des yeux ronds comme des lanternes de phare, le succube avec lequel ils couchent et l'encre diaboliquement verte dont se sert le terrible Machin pour écrire ses poèmes pervers, nous les sifflerons magistralement. Nous les chasserons comme nous chasserons le Négateur de volonté. Et nous les renverrons à la mère Passidée qui se faisait pendre la tête en bas dans une cheminée pleine de suie et au moine Siméon qui se vautrait les quatre pattes en l'air parmi les cochons — le tout pour conjurer Belzébuth.

Bien que la jeune littérature commence à se dégager d'une part de la folie verbale engendrée par M. Mallarmé, d'autre part des maladies intellectuelles que propagèrent le pessimisme, le catholicisme et le satanisme, l'évolution est encore lente. Tout en acceptant la vie, plusieurs chancellent (1). — M. Dierx, M. Abadie, M. Verhaeren, ce mâle, mis à part, les poètes dont nous venons d'examiner les livres sont fort hésitants. En général, ils sont empoisonnés de littérature. Les sensations leur arrivent trop souvent déviées. Pas assez des hommes, trop des gens de lettres. Et puis l'hérédité les tient : ils veulent être une caste. Ils diraient volontiers : « Nous sommes les papes de l'épithète et les empereurs de la rime. Pourquoi ce cordonnier, ce maçon, ce vidangeur viennent-ils nous troubler dans notre besogne auguste : l'agencement des mots ? » C'est là une conception éminemment *bourgeoise* du rôle des poètes. Se croire si supérieur, c'est former une Académie : la corporation du verbe — et c'est passablement absurde. Il faut admettre enfin que manger, aimer, penser sont des fonctions équivalentes et que ces fonctions importent au même titre avec toutes leurs conséquences. L'action est multiforme. Et tout individu qui agit selon ses besoins et ses facultés, comme son frère, différent de lui, agit selon d'autres besoins et d'autres facultés, est l'égal de celui-ci : nullement son supérieur. Tous deux servent l'espèce ; et ils la servent sans s'en douter, pour se faire plaisir à eux-mêmes. L'inégalité apparaît seulement dès qu'il y a contrainte. C'est pourquoi nos sociétés sont bâties en dépit du bon sens. Se refuser à ces évidences, c'est s'isoler et par suite s'ennuyer. « Cher ennui ! » s'écrie quelque part M. Mallarmé. Or, l'homme qui s'ennuie et chérit son ennui est un incomplet. Il est néfaste de caresser le spleen et de le chanter comme le font à diverses reprises M. Guérin, M. Ducoté, M. Pilon et d'autres.

---

(1) Moi aussi j'ai subi cette crise, puisque j'écrivis jadis *Thulé, les Cloches, Paradoxe sur l'amour* livres médiocres parce qu'en révolte contre la vie.

Est-ce à dire qu'il faille être le Joyeux, l'Optimiste, celui qui se rit de tout ? Non, mais lorsque on est triste — et on a le droit de l'être souvent puisque la vie nous vaut autant de souffrances que de joies — pourquoi ne pas *expliquer* les causes de cette tristesse au lieu de s'y complaire vaguement, lâchement ? Pourquoi s'enclore en un ennui sans but qu'il sied alors d'étiqueter : anémie cérébrale ? — Je sais qu'il y a des exemples célèbres : ceux qui sont pareils à des peupliers touchés par la gelée. Ils plaquent la torche, l'épée et l'exergue à la porte du sépulcre où brouillasse leur mélancolie vaporeuse. Ils ont du talent mais ils s'ennuient trop. Pires sont les singuliers maniaques qui portent un aquarium trouble dans leur âme et qui préconisent la maladie, les potions, les linges, les tasses de tisane et, demain sans doute, le pot de chambre dans la table de nuit. Le poète sain s'écarte de ces défaillances qu'on dit élégantes. Il aime trop la beauté pour s'oublier parmi de telles équivoques fadeurs.

Cependant, malgré tout, la nouvelle génération lyrique possède de grandes qualités. Elle s'éprend de la nature ; elle commence à comprendre que le rabougrissement au sommet de la tour d'ivoire est idiot ; elle respecte peu les grand-mamans du Parnasse ; elle sait que le mépris du journalisme est le commencement de la sagesse littéraire.

Elle a bonne volonté de vivre — elle vivra. Non seulement ceux que je viens de citer s'affranchissent mais d'autres ont été plus loin dans la conquête de soi-même : Saint Georges de Bouhélier, Henri Degron, Signoret quand il laisse de côté les épitres autolâtres et ridicules pour écrire de beaux vers comme *les Chants du feu*, Maurice Magre. — Tous : espoir des temps prochains.

Sans doute, le présent est affreux. L'immondice bourgeoise nous monte jusqu'aux lèvres. Mais qu'importe : levons la tête ; le soleil de la Beauté future se lève : allons à lui sans crainte, sans défaillances et sans regrets.

Et n'oublions pas *qu'il faut* qu'elle soit toujours vraie cette phrase du Père Hugo : « L'homme qui pense est malsain pour l'Autorité. »

X

CORRESPONDANCE DE BAKOUNINE

ETTE édition de la correspondance de Bakounine (1) présente une particularité assez singulière : les détails biographiques qu'elle donne, en préambule, ont été rédigés, de l'aveu même du préfacier, d'après les dires de « personnes qui ne furent pas sympathiques » au grand révolutionnaire. Il faut donc ne les accepter que sous bénéfice d'inventaire. On pourra d'ailleurs les rectifier, quant à leurs appréciations, en consultant la notice placée par Reclus et Cafiero en tête de *Dieu et l'Etat*, celle qui précède l'édition des *Œuvres complètes* (1 vol. chez Stock) et les *Souvenirs de Débagori Mokriêvitch*. Au point de

---

(1) *Correspondance de Michel Bakounine* publiée avec préface et annotations par Michel Dragomanov, traduction de Marie Stromberg (1 vol. chez Perrin)

vue des faits matériels, ces détails sont assez exacts. Il est donc intéressant de les résumer, car l'existence si agitée de Bakounine, donnée toute à la propagande de ses idées et aux tentatives insurrectionnelles, porte plus d'un enseignement pour l'amateur de révolte.

Michel Alexandrovitch Bakounine naît en 1814 d'une famille noble et très riche. A l'âge de vingt ans, après de fortes études, il entre à l'école d'artillerie de Pétersbourg. Il en sort au bout d'un an et est envoyé comme officier dans un régiment caserné en province. Dégoûté tout de suite de l'existence imbécile que mènent les soudards à galons, il démissionne (1835) et vient résider à Moscou. Là, il s'adonne passionnément à l'étude des philosophies et s'enthousiasme pour Hégel. Il est à cette époque conservateur à outrance ; il accepte le despotisme de Nicolas Ier, il le vante même dans un article publié par *l'Observateur* de Moscou. Tout de suite il prend un grand ascendant sur ses amis Ogareff, Biélinski, Katkoff et même Herzen. Mais ses idées absolutistes, bien qu'il les charme par sa parole brillante, les soulèvent bientôt. De là, des brouilles, et des raccommodements continuels. Frappé des arguments qu'on lui oppose, instruit par de nouvelles études, Bakounine ne tarde pas à évoluer : il se tient à l'écart, il médite, il compare. Enfin il se détermine dans le sens révolutionnaire et, immédiatement, il va plus loin que quiconque. Or comme il étouffe à Moscou car la Russie, alors comme maintenant, est une cave où la pensée s'étiole, en 1840 il part pour Berlin où il suit des cours d'histoire et de philosophie. Ses idées se précisent. Il publie une brochure contre *Schelling et la révélation* (1842) et des articles rédigés dans un sens antichrétien et anti-autoritaire qui marquent sa nouvelle conception de la vie sociale. On y trouve cette phrase significative : « L'atmosphère de la destruction est aussi celle de la vivification. » Ces publications furent remarquées. En 1843, il se rend à Zurich où il se mêle aux socialistes. Ses discours et l'influence qu'il prend le font traiter de « venin » dans un rapport policier adressé au gouvernement fédéral. Tracassé par celui-ci, il se réfugie à Paris où il écrit dans *la Réforme*. Herzen dit d'un de ses articles : « C'est le langage d'un homme libre. Il nous apparaît étrange. Nous n'avons pas l'habitude de ces choses-là. Nous sommes habitués aux allégories et nous nous étonnons en entendant un Russe parler librement comme quiconque, enfermé dans un souterrain, s'étonnerait de voir la lumière. »

Bakounine retourne en Suisse et s'occupe de grouper les réfugiés slaves. La police le signale à l'ambassade russe comme inquiétant. Il reçoit l'ordre de rentrer en Russie. En effet, comme on le sait, les sujets russes appartenant à la noblesse n'ont le droit de résider à l'étranger que s'ils y sont autorisés par leur gouvernement. Et ils doivent rentrer à la première injonction. Doux pays ! — Bakounine refuse. Nicolas Ier le destitue de son grade dans le *tchin* et lui enlève ses droits civiques et ses titres de noblesse. — En 1847, il retourne de nouveau à Paris où il fait la connaissance de Georges Sand, de Chopin, de Lamennais et où il se lie avec Proudhon. A cette époque il est panslaviste mais d'un panslavisme spécial tendant à unir tous les Slaves pour le renversement des Etats qui se les partagent et pour l'organisation d'un système fédéral basé sur la propriété collective et l'égalité politique. Le 19 Novembre de cette année, il prononce un discours au banquet donné à l'occasion du dix-septième anniversaire de l'insurrection polonaise. Dans ce discours il affirme que la réconciliation entre Polonais et Russes peut s'opérer sur le terrain d'une action révolutionnaire commune contre l'autocrate — ce qui lui vaut une expulsion immédiate. On voit qu'alors comme aujourd'hui, le gouvernement français se mettait volontiers à plat ventre devant le Grand Porte-Knout.

Bakounine se réfugie à Bruxelles. Mais bientôt la Révolution de février lui permet de rentrer en France. Son activité se développe. Elargissant ses idées jusqu'alors tournées exclusivement vers les Slaves, il aboutit à sa conception définitive : la révolution sociale européenne par l'initiative des groupements ouvriers *en dehors de la politique*. Il va de club en club préconisant la destruction des Etats et le communisme. Flocon, Caussidière et de Flotte lui font donner une mission secrète en Allemagne. Il est chargé d'y propager la révolution. Il va d'abord à Leipzig où il rencontre son ami Arnold Ruge. Cet excellent Ruge, fort préoccupé de facéties parlementaires, rapporte avec scandale la phrase que Bakounine lui adressa en l'abordant : « Viens mon vieux ! Laisse-les nommer leurs candidats comme ils voudront, Il ne sortira rien de ces exercices oratoires. Est-ce que tu prêtes une importance quelconque à ces réunions ? » Et Ruge ajoute piteusement : « Je me laissai entraîner. Et comme je l'avais pressenti, le *Vaterlandsverein* abandonna ma candidature. » Ceci est caractéristique et se reproduira souvent. Entraînés par l'énergie et la logique de Bakounine, beaucoup le suivent d'abord. Puis dès qu'il y a nécessité d'entrer dans l'action *désintéressée*, ils reculent et ils se plaignent amèrement d'avoir manqué le coche qui devait les conduire au pouvoir. Eternelle lâcheté des esprits indécis !

Peu édifié par les querelles parlementaires de Leipzig, Bakounine se rend à Breslau, désireux de déterminer les Allemands et les Slaves à une révolte commune. Il y apprend qu'un congrès doit s'ouvrir à Prague le 1er Juin 1848, congrès où se réunissent des délégués de différentes nations slaves. Il se rend à Prague et propose l'alliance de tous pour la Révolution sociale. Mais, comme ici encore, les préoccupations politiques l'emportent, il n'est guère écouté que de la jeunesse. Dès qu'il a persuadé les jeunes gens, le 12 juin il tente un mouvement contre le despotisme autrichien. Prague est assiégée, bombardée par les troupes de Windischgratz. Bakounine combat au premier rang des insurgés. Le soulèvement réduit, il parvient à s'échapper et se réfugie en Allemagne. Signalé à toutes les polices, il se cache tantôt à Berlin, tantôt à Dessau puis à Leipzig. Il lance une brochure, *Appel aux Slaves* dans laquelle il recommande l'union des Slaves, des Allemands et des Magyars contre les gouvernements qui les divisent. Cependant l'esprit révolutionnaire agite l'Allemagne. En mai 1849, Dresde se soulève. Bakounine a fort contribué à provoquer ce mouvement. Il y prend une part active et combat avec un tel courage que Herzen écrit : « Bakounine se chargea de diriger la défense de Dresde. Là il se couvrit de gloire et ses ennemis eux mêmes ne purent le contester. » En effet l'homme était tel : non seulement il incitait à la révolte, mais encore une fois qu'elle avait éclaté, il donnait l'exemple — assez différent en cela des politiciens rusés qui poussent les peuples à s'émanciper et se cachent durant l'action que leurs discours déterminèrent.

Le 8 Mai, l'armée prussienne entre dans Dresde. Les insurgés se dispersent. Bakounine est pris à Chemnitz, enfermé dans la forteresse de Kœnigstein, jugé par un conseil de guerre et condamné à mort. L'officier prussien qui le garde est fort frappé de sa sereine gaieté et il rapporte avec un ébahissement naïf cette phrase de son prisonnier : « Notre insurrection n'est un crime pour vous que parce que nous n'avons pas réussi. » Le roi de Prusse commue sa peine en celle de la détention perpétuelle. Mais alors l'Autriche le réclame pour l'insurrection de Prague. Bakounine est conduit enchaîné à Prague. « Le gouvernement autrichien espérait apprendre par ce condamné à perpétuité les secrets du mouvement slave » dit le préfacier. Bakounine refuse de répondre aux interrogatoires. Pendant près d'une année on le garde au secret. Puis comme le bruit se répand que ceux qu'on appelle ses complices méditent de le délivrer, on le transporte à Olmütz où il est enfermé pendant six mois dans un cachot sans air et sans lumière, enchaîné et rivé au mur par un cercle de fer. Cependant on finit par le juger. Pour la deuxième fois, il est condamné à mort. La Russie le réclame à son tour. Il est extradé. Et de 1851 à 1857, on le détient tantôt dans la forteresse de Pétersbourg, tantôt dans celle de Schlüsselbourg. Tourguéneff intercède pour lui auprès du tzar et demande à lui faire passer des livres. Cette... faveur lui est refusée. Nicolas cependant se préoccupe de l'attitude de Bakounine. Il lui envoie le comte Orloff chargé de cette commission : « Dis-lui de m'écrire comme le ferait le fils spirituel qui aurait à se confesser à son père spirituel. » Voyez-vous ce chef de Tartares qui joue au pape et qui veut qu'un homme libre lui fasse son examen de conscience ! Bakounine répond par une lettre où il expose tranquillement ses idées et ses actes et qu'il termine ainsi : « Vous ne devez pas ignorer que le pénitent n'est pas obligé de confesser les péchés d'autrui. Après le naufrage que je viens de faire, je n'ai de sauf que l'honneur et la conscience de n'avoir jamais trahi personne qui se soit fié à moi. C'est pourquoi je ne vous donnerai pas de noms. »

A la lecture de cette lettre, Nicolas s'écrie : « C'est un brave garçon plein d'esprit ; mais c'est un homme dangereux. Il faut le garder sous les verrous. » Plus tard il s'informe si le prisonnier ne demande aucune grâce. Bakounine souffre du scorbut ; il a perdu toutes ses dents. Il répond qu'il n'a besoin de rien. Alors

Nicolas : « Quel bon officier d'artillerie il aurait fait ! — Qu'on le déporte en Sibérie.

Les biens de Bakounine sont confisqués et il est déporté à Irkhoutsk dans la Sibérie orientale.

En 1861, il parvient à s'évader. Il descend le fleuve Amour sur un radeau. A l'embouchure, il trouve un navire anglais et parvient à gagner l'Amérique qu'il traverse de San-Francisco à New-York. Enfin il arrive à Londres, où il retrouve Herzen et Ogareff, le 27 Décembre 1861.

A Londres, il prend la direction du journal révolutionnaire *la Cloche*. Mais ce rôle de polémiste ne convenait guère à son activité. En 1862, pendant l'insurrection polonaise, il se transporte en Suède avec une poignée d'amis dans l'intention de gagner les provinces baltiques et d'étendre le mouvement à la Russie en lui donnant une signification sociale. Le manque d'argent, le mauvais vouloir des uns, la trahison des autres le font échouer. — En 1863, il traverse Londres de nouveau, puis il se rend à Florence. Là il fait la connaissance de Karl Marx. Ces deux hommes qui représentaient l'un le socialisme autoritaire, l'autre, le communisme libertaire ne pouvaient pas s'entendre. Néanmoins, de Locarno où il s'installe alors, Bakounine prend part à la fondation de l'Internationale. En 1868, au congrès de Genève, il expose sa doctrine et y amène trente membres sur les cent dix présents, entre autres : Elie et Elisée Reclus, Fanelli, Joukowski etc. Un scission se produit.

A partir de cette époque Bakounine est en but aux mauvais procédés, aux traîtrises et aux calomnies du parti marxiste. On le traite de fou, de désorganisateur et surtout de mouchard — système de dénigrement en honneur, encore aujourd'hui chez les politiciens collectivistes. (1).

En 1869, par suite des manœuvres de Marx et de ses acolytes, Bakounine est exclu de l'Internationale. Il provoque la réunion d'un congrès anti-autoritaire à Saint-Imier dans le Jura suisse et

---

(1) Qu'on se rappelle Guesde dénonçant calomnieusement, livrant Girier-Lorion à la gouvernance française et le faisant condamner à vingt ans de travaux forcés.

y pose les bases d'un essai pratique d'anarchie-communiste. La Fédération jurassienne en résulte ; embryon des groupements futurs. Le système qu'il y exposa est resté celui de l'Anarchie : groupements d'individualités sympathiques les unes aux autres, fédération des groupements entre eux pour la reprise du bien commun en dehors de toute politique, en laissant de côté la conquête des pouvoirs publics et autres fadaises. C'est à ce système que se rallieront tôt ou tard les syndicats ouvriers lorsqu'ils se débarrasseront de l'illusion politique et des ambitieux qui les exploitent pour s'orienter vers la Grève générale. Il y a, actuellement, d'excellents symptômes dans ce sens.

En 1871, Bakounine, fidèle à son habitude d'accourir partout où l'on attaque l'autorité, prend part à l'insurrection communiste de Lyon ; il dirige une tentative sur l'Hôtel de Ville. Le mouvement comprimé, il passe en Espagne. A Barcelone, il sème ses idées et réunit un assez grand nombre de partisans. Puis, il revient en Suisse et tente, sans succès, de reconstituer l'Internationale dans le sens anarchiste. Enfin, épuisé par tant de fatigues, par la misère et les déceptions, il meurt à Berne, d'une maladie de cœur, le 6 Juillet 1876.

Lui mort, son œuvre porte ses fruits. Ses idées se répandent — l'Anarchie grandit, belle de tout l'avenir.

Bakounine, c'est : l'homme d'action. Très vite il s'aperçut du néant des revendications d'ordre politique et de la perte d'énergie qui résultait des controverses sur des nuances d'opinion. Par la parole, l'écrit et l'exemple, il ne cessa de recommander la lutte effective, la prise corps à corps constante, individuelle ou collective, avec le régime capitaliste. — « Nous devons faire sans cesse des tentatives révolutionnaires, disait-il à Mokriévitch, dussions-nous être battus et mis en déroute une, deux, dix fois, vingt fois même. Mais si à la vingt-et-unième fois le peuple vient nous appuyer, en prenant part à notre révolution, nous serons payés de tous les sacrifices que nous aurons supportés. »

Tout acte significatif atteignant l'autorité, il l'approuvait. Il écrivait à Herzen qui s'élevait contre le coup de pistolet tiré par Bérézowski sur Alexandre II : « Bérézowski est un vengeur, un des justiciers les plus légitimes de tous les crimes, de toutes les tortures, de toutes les humiliations que subissent les Polonais.

Est-ce que tu ne le comprends pas ? Mais si de pareilles explosions d'indignation ne se produisaient pas dans le monde, on désespérerait de la race humaine. »

D'ailleurs toute la correspondance le montre en désaccord presque continu avec Herzen et Ogareff. Ceux-ci veulent se restreindre à l'émancipation des Russes, en n'usant que de moyens légaux. Bakounine, d'âme cosmopolite, de tempérament actif leur apparaît, selon les termes d'une de leurs lettres, *impossible*. Bakounine leur répond : « Je resterai seul avec moi-même ; c'est ce qu'il y a de plus important pour moi.(1) Je veux rester cet homme *impossible* tant que tous ceux qui sont actuellement *possibles* ne changeront pas. » Et comme on lui reprochait aussi d'aimer les *déclassés*, il répondait : « Il y a en Italie, ce qui manque aux autres pays : une jeunesse ardente, énergique, *tout à fait déclassée, sans carrière, sans issue* et qui, malgré son origine bourgeoise n'est ni moralement ni intellectuellement épuisée comme la jeunesse bourgeoise des autres pays. Aujourd'hui elle se jette à tête perdue dans le socialisme révolutionnaire. » Depuis, les choses ont changé : il y a dans tous les pays nombre de ces déclassés bourgeois. Ils vont à l'avant-garde de la révolte. Et cela est bon car tant que la jeunesse se croira d'une classe ou d'une caste, elle sera incapable non seulement d'énergie effective mais encore de pensée virile.

Sans cesse préoccupé du rythme général de l'humanité, la voulant sans patries, sans foi ni loi, belle et libre, Bakounine eut pu s'écrier comme le martyr Paulino Pallas : « Pour moi, la terre sainte, c'est l'univers entier ! » Mais ses amis, parlementaires sans emploi pour la plupart, ne pouvaient pas comprendre cet élargissement du concept révolutionnaire. De là, des querelles, des jalousies, des récriminations, des médisances qui attristaient Bakounine. C'est, du reste, ce qui a toujours lieu lorsqu'un individu, après avoir marché d'accord avec ses compagnons de début, s'affirme brusquement intégral selon lui-même et donne à des idées, qui n'étaient considérées par eux que comme des sujets de

---

(1) C'est presque la phrase d'Ibsen : « L'homme le plus libre est celui qui est le plus seul. »

controverse, leur signification pratique. Les hommes admettent difficilement que celui qu'ils ont connu pareil à eux se distingue et marche, d'après sa seule conscience, dans son propre chemin. Stendhal a noté ce sentiment : « Tant que vous ne demandez à votre ami que le second rang après lui, il vous l'accorde et vous estime. A force de mérite et d'actions parlantes, voulez-vous aller plus loin ? Un beau jour vous trouvez un ennemi. »

Presque toute cette correspondance nous renseigne, dans ce sens sur les divergences de plus en plus graves entre Bakounine et ses amis. — « Bakounine voit trop grand ! Bakounine se compromet et nous compromet ! Bakounine ne peut pas se tenir tranquille ! » Telles sont les jérémiades qu'on peut lire, en propres termes ou entre les lignes des lettres reçues par lui. En vain le bon géant tentait avec douceur de faire marcher ces Effarés au même pas que lui, ils restaient en arrière tout essoufflés et lui jetaient des pierres aux jambes... « Mon Dieu, pourquoi donc n'as-tu pas continué de commenter Hégel au lieu de te perdre dans les aventures ! » lui disait l'un d'eux. Et Bakounine de rire. En effet, voyez-vous cet homme gênant qui se permet de combattre, d'aller en prison ou en Sibérie et de se faire condamner à mort au lieu de prospérer, riche et gras, occupé de métaphysique, sous l'égide paternelle du czar !

Cette tension perpétuelle de Bakounine dans le sens de l'action, la correspondance énorme — non publiée dans ce volume — au moyen de laquelle il développait ses idées à ses partisans l'ont toujours empêché de parfaire les livres qu'il entreprit. Cela est regrettable jusqu'à un certain point car l'âpre dialecticien de *Dieu et l'État* et des *Lettres contre le Patriotisme* s'est prouvé en mesure de donner une œuvre philosophique de premier ordre.

Mais lui n'entendait qu'à une chose : agir. Et quand l'action le sollicitait, toutes les écritures étaient mises de côté. Il avait d'ailleurs raison d'user autant de la parole puisque de l'aveu de tous, même de ses... amis humiliés, il était impossible de résister à son ascendant direct. Il avait la force de persuasion et cela lui valut, parmi tant de tracasseries, quelques dévoués absolument passionnés pour sa défense.

J'ai sous les yeux un beau portrait de Bakounine. Les yeux droits et incisifs disent la volonté. L'énergie trône sur ce front ronflé. La bouche, sensuelle et fine semble prête à s'ouvrir pour émettre des paroles persuasives. L'impression est de force : on dirait une tête de lion. — Il était de très grande taille ; il mangeait beaucoup, marchait beaucoup et goûtait fort les relations sexuelles. Il fut aimé souvent et profondément. — En somme, un être de santé fait pour la lutte...

Tel fut cet homme en abomination à nos pygmées de gouvernance. Tandis que ceux ci incitent les bons citoyens à lécher les pattes de la jeune hyène qui remplace, depuis peu, l'Alexandre III emporté par la pourriture endémique des races royales, j'ai cru bon d'esquisser le profil d'un des plus hauts révoltés que produisit l'empire knouto-kalmouk :

Le vieux monstre Russie aux regards ronds et troubles

comme disait Victor Hugo.

Et puisque la mode est à l'alliance franco-russe, je l'adopte — parmi les Russes, je choisis Bakounine.

XI

ROME

UJOURD'HUI, l'évolution naturaliste est à peu près terminée. Celui par qui elle eut son développement le plus caractéristique, M. Émile Zola continue, il est vrai, à la servir sans dévier de la ligne d'art qu'il se traça dès ses débuts Mais les protagonistes secondaires sont morts, se taisent ou bien, tel M. Huysmans, se perdent dans un mysticisme passablement malsain, aggravé d'un style déplorable. D'autre part, la jeunesse — du moins celle qui œuvre et se soucie peu de jaboter aux parlotes où l'on *débine* à tort et à travers — se détermine dans un sens différent. Curieuse de correspondances *significatives* entre l'homme et la nature, elle recherche une expression des choses et des êtres plus profonde, moins confinée dans la sensation pure, pénétrée d'idées. Elle restaure le lyrisme dédaigné par les naturalistes, réduit par les Parnassiens au rendu d'aspects plastiques plus ou moins intéressants, tombé dans la platitude

d'une âme de vieux concierge chez M. Coppée, dans l'imitation des romantiques chez M. Mendès, dans la quincaille brillante chez M. de Hérédia, dans le charabia nébuleux chez M. Mallarmé. Grâce aux nouveaux-venus, le lyrisme reprend son rôle de traducteur harmonieux des émotions que vaut au poète la contemplation de ce drame multiforme : toute la vie ; il imagine, il *met en images* les concepts disséqués par les analystes. L'une et l'autre fonction s'équivalent.

En effet, si étroite que nous apparaisse actuellement la voie suivie par le naturalisme, nous pouvons et nous devons lui rendre justice, reconnaître le bien qu'il nous fit, accepter le sang un peu lourd mais très sain qu'il infusa dans nos veines. Après Balzac, le *découvreur* de l'esprit humain dans toutes ses attitudes, l'énorme fleuve charrieur d'idées, après Flaubert qui prouva que l'âme d'une bourgeoise de province avait du style aussi bien que celles de Saint Antoine et de Salammbô, les naturalistes nous ont montré la société contemporaine sous un jour exact — et M. Zola, notamment, le fit plus que quiconque d'entre eux.

Selon un instinct très sûr, M. Zola comprit que le déisme confus du Père Hugo était impuissant à satisfaire les besoins de réalité tangible d'une époque qu'énervaient, d'autre part, les fantaisies sentimentales des romanciers spiritualistes. A l'antithèse entre le corps et l'âme, il opposa la conception déterministe ; il démontra que notre espèce agit et réagit, lutte et se transforme d'après les mêmes lois qui régissent l'évolution des autres espèces animales. Contre les paladins de l'Idéal, qui accommodaient l'humanité à la sauce bleu-ciel, il dressa la science. Il sentit que dans la lutte engagée entre l'explication enfantine de l'univers donnée par les religions et les découvertes de cette science subversive, le dernier mot resterait à celle-ci. D'un grand enthousiasme, il s'en éprit. Et, sûr qu'elle ne lui manquerait pas pour le labeur effrayant qu'il entreprenait, il y ramena toutes choses avec entêtement, avec parti-pris, avec exagération, avec la conscience tranquille d'être dans le vrai. C'est là un signe de force car en art, comme dans toutes les manifestations de la pensée, la victoire appartient à celui qui *crée* exclusivement selon la vision qu'il *se fit lui-même* de la vie et non à l'atténuateur ou au dilettante.

Maître de sa méthode, M. Zola publia *l'Histoire naturelle et sociale d'une famille*. Histoire *naturelle*! cela se pouvait-il concevoir? Le scandale fut énorme. Les statues du temple de l'Idéal s'en effondrèrent sur le parvis; et l'iconoclaste eut contre lui: les sentimentaux, les éclectiques roublards, les résidus de la Normale, les amuseurs, les adaptateurs de sublimités à la sottise courante. Ce fut un déluge, une grêle d'injures contre ce personnage grossier qui disait: « Sans doute l'homme est fort beau quand il pense, mais il est tout aussi beau quand il mange ou quand il couche avec sa femme. » Inébranlablement, M. Zola poursuivit la tâche qu'il s'était fixée. Tantôt rendant coup pour coup, tantôt attaquant à son tour ses adversaires, acharné, parmi les incompréhensions, les outrages, les calomnies et les sifflements vipérins de la presse, il creusait les fondations du monument qu'il rêvait, il le bâtissait jour par jour, utilisant tous les matériaux: la terre, la boue, le sang, le fumier et les étrons qu'on lui jetait à la face. Son profond amour de la vie le soutenait; il travaillait, infatigable et probe. Et voici qu'enfin le monument est debout. Il répugne à certains; d'autres, il les met en fuite; il gêne les paresseux qui accouchent d'une plaquette tous les trois ans; on peut en critiquer le style; on peut blâmer la méthode selon laquelle il fut conçu — on ne peut le mépriser car il est l'œuvre d'un grand mâle.

Comme il arrive toujours quand une évolution est mûre pour son entier épanouissement, M. Zola vint à son heure. Moins hésitant, plus isolé d'abord, plus attaqué ensuite que ses prédécesseurs et ses émules en anatomie sociale, il fut le vulgarisateur d'une belle idée. Aussi finit-il par s'imposer, par donner au mouvement d'esprit qu'il préconisait toute sa signification. Grâce à lui, désormais et définitivement, la science fait partie de la pensée littéraire. Tant pis pour les efféminés et les râcleurs de métaphysique que cela offusque: leurs négations et leur dédain leur valent peut-être des applaudissements et des génuflexions au fond de quelque chapelle vermoulue. Ils n'en sont pas moins voués au néant parce qu'ils n'ont pas voulu reconnaître la force où elle se trouvait, parce que la vie et son reflet: la science les troublent dans leur décomposition en petit comité.

Certes, on peut faire des restrictions. Souvent M. Zola nous horripile par l'étroitesse du point de vue où il se place. Les coups de sa lourde patte meurtrissent les râbles sur lesquels ils tombent. Ses jugements agacent parfois ceux qui aimeraient une pénétration plus grande dans les régions intimes de la pensée. Son style est compact, presque vulgaire, sans nuances et sans imprévu.... Mais quelle science des ensembles, quel instinct de l'espace, quelle ampleur dans le rendu des foules, quel exposé frémissant des sursauts tragiques de l'homme en lutte contre les forces extérieures. Ses livres, ce sont des fresques brutales et barbares ; la couleur y est jetée par paquets, les lignes se renflent et exagèrent les contours !... Malgré tous leurs défauts, ils crient : la vérité.

M. Zola a connu cette anxiété de l'écrivain honnête qui, convaincu pourtant d'avoir fait *le mieux possible*, se demande si sa pensée n'a pas gauchi, si son instrument ne l'a pas trahi. Il disait jadis à M. Edmondo de Amicis : « Pour bien écrire, il faut aimer la vie. » Puis il ajoutait, presqu'anxieux : « A force de vouloir ciseler, polir, broder et peindre, à force de demander aux mots d'exhaler l'odeur des choses, de nous ingénier à rendre tous les sons, nous nous sommes forgé un langage conventionnel, un jargon littéraire qui nous est propre et qui ne pourra longtemps plaire parce qu'il n'est pas la beauté mais la mode, parce qu'il n'est pas la force mais l'effort, un langage qui vieillira infailliblement et deviendra intolérable aux générations futures. Au lieu de parler, en somme, nous faisons des trilles et des fioritures. Au lieu de décrire les choses, comme le voulait Gœthe, nous décrivons trop leurs effets. Ce n'est plus l'art ; ce sont les hors d'œuvre et les condiments de l'art. Nous sommes en pleine décadence du style, voilà la vérité. » (1).

Il y a quelque part d'exactitude dans cette déclaration. Cependant, il ne faudrait pas exagérer. Si l'on trouve parfois de la fièvre, des préoccupations de *rendu* excessives chez les naturalistes, la faute en est à leur conception même de l'art. Comme ils voulurent peindre l'époque, se *conformer* à elle, il était difficile que leur moyen d'expression fut autre puisque l'époque est elle-

---

(1) Voir Edmondo de Amicis : *Rittrati litterari*.

même fiévreuse, hétéroclite et pourrissante, puisque toute évolution a lieu dans le sang et dans la fange, enfante dans la douleur. Or notre société, ce cloaque où la science de la vie s'élabore pour naître un jour au soleil de la beauté future, est jonchée des ruines du mystère et de la foi ; le cadavre des vieilles croyances y purule ; et des fantômes y reviennent qui obsèdent l'embryon et voudraient la faire grimacer à leur image. Dès lors comment ne pas être inquiet ? Comment l'artiste, cet *écorché* vivant que tous les souffles impressionnent, ne ressentirait-il pas les convulsions du milieu qui contribua, pour une part, à former son tempérament ? Il ne peut en être autrement dans un temps où les écrivains ne constituent plus, à de rares et stériles exceptions près, une caste soucieuse seulement d'élégance d'après de beaux modèles, mais bien des hommes pareils aux autres, qui souffrent et jouissent de toutes les souffrances et de toutes les joies humaines.

Autrefois les classiques connurent la grâce forte et tranquille. Mais combien les conditions d'existence sont changées ! Il ne s'agit plus aujourd'hui de commenter les anciens, de s'attentionner exclusivement à des problèmes de psychologie versifiés sous l'égide d'un ministre ou d'un grand seigneur. Il s'agit de se battre. Et puis les mobiles d'émotions se sont multipliés. La vie est devenue plus large et plus complexe et, partant, le vocabulaire s'est enrichi. Absurde et sans portée se dénoncerait donc l'intention de revenir en arrière, de se restreindre à des jeux de rhétoriciens — hors du siècle...

Au surplus, M. Zola s'exagère peut-être les côtés morbides de son style. Bien qu'il n'ait pas l'admirable pureté de Flaubert, bien qu'il se soit laissé entraîner trop souvent au *fignolage* de bizarreries d'un goût douteux telle que la symphonie des fromages dans *le Ventre de Paris*, il l'emporte tout de même en simplicité sur la plupart des écrivains de sa génération. Sa phrase n'a pas la danse de Saint-Guy comme celle des Goncourt. Son pinceau passe de beaucoup en fermeté la petite lavette dont se sert la famille Daudet. Il peint grossement mais, en général, il garde une vue nette des ensembles et il ne se perd pas trop dans cette recherche affolée du détail qui est la caractéristique du style de décadence.

Le sujet de *Rome*, le livre récemment paru de M. Zola (1) est très simple comme d'ailleurs celui de ses précédents volumes : l'abbé Pierre Froment, revenu d'un pèlerinage à Lourdes fort écœuré des orgies de fakirisme auxquelles il assista, ébranlé, d'autre part, dans sa foi par ses études scientifiques, sent sa croyance aux dogmes de l'Eglise s'affaiblir. Il ne lui reste plus guère qu'un ardent esprit de charité assez semblable à celui des premiers chrétiens, fort étranger à la presque unanimité des catholiques actuels. Cet esprit se développe encore en lui au spectacle de la misère effroyable qui ronge les faubourgs de Paris et lui suggère un livre : *la Rome nouvelle* où, en toute naïveté, il s'imagine avoir pénétré le sens des encycliques de M. Pecci. Dans ce livre, il propose à celui-ci de renoncer à toute revendication touchant le pouvoir temporel. Il suppose que l'Eglise, débarrassée alors des soucis mondains, redeviendra une grande force morale et pourra conclure avec les Pauvres une nouvelle alliance pour la fondation d'un ordre de choses où tous auraient part au bien commun sous la suprématie paternelle de Dieu représenté par la papauté. C'est là, pense-t-il, le seul moyen d'amener le règne de la justice en évitant l'imminente révolution sociale. Son livre est dénoncé à l'Index. Conseillé par ses amis, attiré par les manœuvres d'un monsignor Nani que sa valeur intellectuelle effraye et qui juge préférable de l'user peu à peu plutôt que de le pousser au schisme, Pierre part pour Rome. Il est, d'ailleurs, décidé à ne rien abandonner de ses convictions et il est tellement sûr de l'orthodoxie de sa doctrine qu'il croit n'avoir qu'à se présenter au Vatican pour emporter l'approbation du pape. A Rome, il est en but à la diplomatie de monsignor Nani. On lui déclare, d'abord, qu'il est fort douteux qu'il obtienne une audience de Léon XIII. Les secrétaires de congrégations, les cardinaux tous les protagonistes et tous les comparses de la comédie ecclésiastique jouent de lui comme d'un volant, se le renvoient l'un à l'autre avec des caresses, des flatteries et des paroles vagues. Puis le milieu décrépit, l'atmosphère de tombe du grand centre catholique agissent sur lui. Quand, au bout de plusieurs

---

(1) ROME, 1 vol. chez Charpentier et Fasquelle.

mois, il est las de ces atermoiements, une catastrophe subite chez ses hôtes, les Boccanera, lui dévoile les dessous ténébreux des intrigues romaines. Le chagrin s'ajoute à sa lassitude. Il croit toujours son livre impeccable et qu'il aura la force de le défendre. Mais sa force morale est ruinée sans qu'il s'en doute. Et lorsque Nani, bon psychologue, jugeant le moment venu de l'écraser, lui fait obtenir une audience secrète de Léon XIII, en présence de celui-ci, sous sa dure parole, les illusions de Pierre s'évanouissent. Il s'aperçoit qu'il s'est heurté à une muraille aveugle et sourde. Il plie dans un coup de désespoir, il se rétracte, il désavoue son livre. Puis, congédié, il se reprend. Et il part tout à fait guéri désormais du mirage religieux, confiant dans sa raison, ne croyant plus qu'à la seule science.

Tel est, dans ses grandes lignes le sujet de *Rome*, la colonne vertébrale à laquelle viennent se souder de nombreux épisodes.

Selon sa coutume, M. Zola met tout de suite son héros principal en présence des lieux où il agira. Pierre, désœuvré, dans l'attente de son audience, entreprend des promenades à travers les ruines de la Rome antique, les bâtisses de la ville nouvelle, les musées, les églises, la campagne environnante. Ces promenades motivent de longues descriptions parfois très intenses et dignes du grand paysagiste qu'est M. Zola, parfois banales et assommantes, extraites, dirait-on, d'un guide Conti quelconque. — Puis Pierre entre en relations avec la société romaine. Une série de personnages en représentent les différents états d'esprit. Il y a monsignor Nani, le politique rusé pratiquant l'opportunisme pour assurer le triomphe définitif de l'Eglise ; le cardinal Boccanera, inflexible dans la tradition ; Benedetta et Dario Boccanera qui symbolisent l'impuissance de cette tradition à se perpétuer ; Orlando Prada, le vieux soldat des guerres de l'indépendance, désolé de l'avidité des tenants du nouveau royaume d'Italie ; Luigi Prada, son fils, l'homme d'affaires venu du Nord pour exploiter la situation faite à la capitale par la conquête piémontaise ; Sacco, le politicien venu du midi dans un dessein analogue ; son fils Attilio et Celia Buongiovanni qui symbolisent l'alliance de l'esprit ancien et de l'esprit nouveau, celui-là cédant à celui-ci ; Santobono, curé ambitieux et farouche, sorte de brigand empoisonneur voué aux intrigues d'un aspirant à la tiare ; Vigilio, prétre détraqué qu'affole la crainte des jésuites — d'autres encore. Tous, suivant le procédé habituel à M. Zola, sont dessinés dans leur attitude la plus caractéristique, parlent et agissent constamment dans un certain sens significatif de leur personnalité. C'est d'une simplification un peu sommaire mais il en résulte une grande intensité de vie. — Cette foule de personnages peuple l'action, lui donne de l'imprévu, met en relief l'acteur principal, seul disséqué à fond et aide enfin à lire jusqu'au bout ce terrible volume de plus de 700 pages.

En homme que les besognes ardues n'épouvantent pas, M. Zola a voulu nous donner une synthèse de la Rome passée, présente et future. A-t il réussi ? — Pas complètement. Un sujet aussi étendu aurait demandé dix volumes pour être traité à fond. Mais en tant que *compendium* esquissant des réflexions dans tous les sens, bien que mille répétitions en alourdissent l'ensemble, bien qu'une sorte d'ensommeillement se révèle çà et là, l'œuvre se tient. Puis l'idée rectrice s'en dégage à la fin, comme je le montrerai tout à l'heure et c'était là l'essentiel.

Toutefois la lecture de *Rome* est assez pénible. Si l'on trouve de magnifiques tableaux comme celui du pèlerinage aux pieds du pape, où l'hystérie religieuse est notée magistralement (p. 264-270), comme aussi le récit de l'entrevue de Léon XIII et de l'abbé Pierre, d'un grand effet et d'une émotion poignante (p. 614-645), comme enfin la mort dramatique de Dario et de Benedetta (p. 566-595), bien des landes arides restent à traverser. Cela tient, peut-être, à la lenteur du développement. M. Zola varie peu ses procédés : les explications minutieuses, les cours d'histoire romaine, les retours en arrière, les descriptions tiennent une place énorme. On aimerait plus de concentration, moins de détails accessoires, davantage d'évocation... Mais il serait tout de même puéril de reprocher par trop à M. Zola les défauts de ses qualités. Il est lourd, lent, large et puissant : il faut l'accepter tel quel. — Une autre cause de monotonie provient de sa manière d'écrire. Ces redoutables imparfaits de l'indicatif dont tous les naturalistes abusèrent jusqu'à la nausée s'appesantissent impitoyablement sur *Rome*. On peut relever encore l'abus du style indirect et les tournures de phrases identiques d'un bout à l'autre du volume. En voici une qui revient sans cesse et qui, pour ma part, m'agace singulièrement : « Ah ! cette avenue de la mort pompeuse, en pleine campagne rase, menant comme une voie de triomphe à la ville reine, éternelle, quel contraste extraordinaire, lorsqu'on la comparait à la cité souterraine des chrétiens, cette cité de la mort cachée, très douce, très belle, très chaste ! Ce n'était plus que du sommeil de la nuit voulue et acceptée.... etc » (p. 200). Cette tournure · *Ah ! ce* ou *cette.... quel* ou *quelle... c'était* ou *ce n'était pas*, je l'ai notée six fois en quinze pages — et elle pave le livre entier. Ce que Flaubert aurait grondé ! Et puis il y a aussi des entassements d'épithètes banales, insuffisamment frappantes...

Ce ne sont point des remarques de Petdeloup que je fais là : j'ai voulu me rendre compte des raisons de la fatigue qu'on éprouvait à lire Rome ; je crois bien en avoir déterminé quelques-unes.

Il sied maintenant de dégager la conclusion du livre. A coup sûr, M. Zola l'avait à cœur et il l'a donnée avec une vigueur merveilleuse. Pierre esprit enthousiaste et flottant, tiraillé entre la tendance aux rêves sentimentaux, le besoin de religiosité vague qu'il tient de sa mère et l'amour de la science qu'il tient de son père, voulant accorder ces impulsions divergentes, comprend enfin, préparé qu'il y est par la lente action du milieu catholique, que Léon XIII ne peut pas se rallier à sa chimère. Il saisit que toute conciliation est impossible entre la métaphysique chrétienne et la philosophie de l'avenir. Le pape lui explique fort bien que l'Eglise est immuable, qu'elle ne doit pas changer sous peine de se renier elle-même et que si, parfois, elle feint de céder dans la forme, c'est pour arrêter les impies qui méditent son renversement définitif. Puis, naturellement, Pecci blâme l'esprit d'examen ; il renvoie le pauvre abbé à la lecture de Saint Thomas c'est-à-dire au XIII° siècle. Et, en effet, pourquoi parlerait-il autrement ? L'Eglise prétend posséder la vérité : en dehors d'elle, il n'y a qu'erreurs, mauvais errements, folie et sacrilège ; les sciences humaines, relatives, se voulant telles, s'étayant les unes les autres ne peuvent se poser en antagonistes de son enseignement puisqu'elle est *l'Absolu ;* l'Absolu ne saurait pactiser avec l'Evolution....

Il y a une grandeur singulière mais terriblement néfaste dans ces affirmations. Elles sont faites pour séduire les esprits timides qui redoutent le mouvement et préfèrent se tapir dans l'obscurité de l'obéissance passive à l'Inconnaissable. Malheureusement la politique actuelle de l'Eglise gâte un peu cette superbe attitude. Pierre est révolté du bruit de gros sous empilés, des manœuvres obliques, des sapes de taupe qu'il découvre sous ces déclarations grandioses. Quand il sort du Vatican, il est à jamais incrédule. Même la précation du cardinal Boccanera, si sublime, toute traversée d'un doute terrible, foudroyante à l'encontre des finauderies de Pecci, ne pourra le ramener. Il admire mais il s'écarte. Ici, je citerai car la scène est d'une grande beauté et M. Zola l'a traitée parfaitement. Le cardinal, après avoir réprouvé les moyens auxquels elle la papauté a recours pour se maintenir, s'écrie : « Dieu peut tout, même détruire son œuvre s'il la trouve mauvaise. Tout croulerait demain, la sainte Eglise disparaîtrait au milieu des ruines, les sanctuaires les plus vénérés s'effondreraient sous la chute des astres, qu'il faudrait s'incliner et adorer Dieu.... Si vraiment les temples sont ébranlés, si le catholicisme doit demain tomber en poudre, je serai là pour être le ministre de la mort comme j'ai été le ministre de la vie. Même je le confesse, il y a des heures où des signes terribles me frappent. Peut-être, en effet, la fin des temps est-elle proche, et allons-nous assister à cet écroulement du vieux monde dont on nous menace. Les plus dignes, les plus hauts sont foudroyés comme si le ciel se trompait, punissait en eux les crimes de la terre.... O Dieu puissant, que votre volonté soit donc faite ! Que tout meure, que tout croule, que tout retourne à la nuit du chaos ! Je resterai debout dans ce palais en ruines, j'attendrai d'y être enseveli sous les décombres. Et, si votre volonté m'appelle à être le fossoyeur de votre sainte religion, ah ! soyez sans crainte Seigneur, je ne ferai rien d'indigne pour la prolonger de quelques jours ! Je la maintiendrai debout comme moi, aussi fière, aussi intraitable qu'au temps de sa toute-puissance. Je l'affirmerai avec la même obstination sans rien abandonner ni de la discipline, ni du rite, ni du dogme. Et, le jour venu, je l'ensevelirai avec moi, l'emportant toute dans la terre plutôt que de rien céder d'elle, la gardant entre mes bras glacés pour la rendre à votre inconnu, telle que vous l'avez donnée en garde à votre Eglise. O Dieu puissant, souverain Maître, disposez de moi, faites de moi, si cela est dans vos desseins, le pontife de la destruction et de la mort du monde !....

D'un geste, le cardinal Boccanera donna congé à Pierre qui, cédant à sa passion de la beauté, trouvant que lui seul était grand, que lui seul avait raison, lui baisa la main. »

Il s'en va. — Mais alors l'aube de la science se lève victorieuse dans son âme... Je citerai encore car on sent que c'est M. Zola qui parle ici par la bouche de son principal personnage, qui affirme rudement sa conviction selon cette sincérité qu'on admire en lui. Quel beau cri !

Oyez : « Est-ce que la science a jamais reculé, elle ? C'est le catholicisme qui a sans cesse reculé devant elle et qui sera forcé de reculer sans cesse. Jamais elle ne s'arrête, elle conquiert pas à pas la vérité sur l'erreur, et dire qu'elle fait banqueroute parce qu'elle ne saurait expliquer le monde d'un coup, est simplement déraisonnable. Si elle laisse, si elle laissera toujours sans doute un domaine de plus en plus rétréci au mystère, et si une hypothèse pourra toujours essayer d'en donner l'explication, il n'en est pas moins vrai qu'elle ruine, qu'elle ruinera à chaque heure davantage les anciennes hypothèses, celles qui s'effondrent devant les vérités conquises. Et le catholicisme qui est dans ce cas, y sera demain plus qu'aujourd'hui. Comme toutes les religions, il n'est au fond qu'une explication du monde, un code social et politique destiné à faire régner tout le bonheur possible sur la terre. Ce code qui embrasse l'universalité des choses devient dès lors humain, mortel comme tout ce qui est humain. On ne saurait le mettre à part en disant qu'il existe d'un côté tandis que la science existe de l'autre. La science est totale, et elle le lui a bien fait voir déjà, et elle le lui fera voir encore en l'obligeant à réparer les continuelles brèches qu'elle lui cause, jusqu'au jour où elle le balaiera sous un dernier assaut de l'éclatante vérité. Cela prête à rire de voir des gens assigner un rôle à la science, lui défendre d'entrer sur tel domaine, lui prédire qu'elle n'ira pas plus loin, déclarer qu'à la fin de ce siècle, lasse déjà, elle abdique. Ah ! petits hommes, cervelles étroites ou mal bâties, politiques à expédients, dogmatiques aux abois, autoritaires s'obstinant à refaire les vieux rêves. La science passera et les emportera comme des feuilles sèches !... La science ne peut faire banqueroute car elle ne promet pas l'absolu, elle qui est simplement la conquête successive de la vérité... Elle demeure la seule vérité possible pour les cerveaux équilibrés et sains. Quant à ceux qu'elle ne satisfait pas, à ceux qui éprouvent l'éperdu besoin de la connaissance immédiate et totale, ils ont la ressource de se réfugier dans n'importe quelle hypothèse religieuse, à la condition pourtant, s'ils veulent sembler avoir raison, de ne bâtir leur chimère que sur les certitudes acquises. Tout ce qui est bâti sur l'erreur croule. »

C'est dans ce sens, si fortement indiqué par M. Zola, que se détermine l'évolution prochaine. Que les amoureux de la mort s'ensevelissent dans le catholicisme. Que les assembleurs de sonorités, que les troubadours équivoques du Grand Art se tassent dans quelque coin où ils pourront se chatouiller et se pourlécher les uns les autres, en grand mépris de la vie. Que les banquistes amusent la Bourgeoisie. Les forts, ceux qui croient que l'humanité porte en elle toutes ressources pour son développement, ceux qui acceptent la vie, ceux qui prétendent mettre des idées sous les mots œuvreront pour le triomphe de l'idéal *terrestre*, s'intéresseront à toutes choses afin de se créer une âme universelle. Et leur seule religion sera celle que Lucrèce définit superbement jadis: « La religion, ce n'est pas de se tourner sans cesse vers la pierre voilée, ni de s'approcher de tous les autels, ni de se jeter à terre prosterné, ni de lever les mains devant les demeures des dieux, ni d'arroser les temples du sang de beaucoup d'animaux, ni d'entasser les vœux sur les vœux mais de tout regarder avec une âme tranquille. » (1)

Comme la science mène à une conception plus haute de la solidarité humaine et de la justice, M. Zola termine logiquement son livre par ces phrases : « Pierre sentit en lui l'écroulement suprê-

---

(1) *Nec pietas ulla est, velatum saepe videri*
Vertier ad lapidem atque omnes accedere ad aras,
Nec procumbere humi prostratum, et pandere palmas
Ante deum delubra, neque aras sanguine multo
Spargere quadrupedum, nec votis nectere vota;
Sed mage placata posse omnia mente tueri.

(DE RERUM NATURA).

me. C'était bien fini, la science était victorieuse ; il ne demeurait rien du vieux monde... Seule l'éternelle lutte de la science contre l'inconnu, son enquête qui traquait, qui réduisait sans cesse chez l'homme la soif du divin lui semblait importer maintenant... En face des ruines qui comblaient son être, sa foi morte, son espoir mort d'utiliser le vieux catholicisme pour le salut social et moral, il n'était plus tenu debout que par sa raison. » Et sa raison, que lui dit-elle ? Voici : « L'édifice social était pourri jusqu'à la base, tout croulait dans la boue et dans le sang. Jamais il n'avait senti à ce point l'inutilité dérisoire de la charité. Et, tout d'un coup, il eut conscience que le mot attendu, le mot qui jaillissait enfin du grand muet séculaire, le peuple écrasé et bâillonné était le mot de : justice. Ah ! oui justice, et non plus charité ! La charité n'avait fait qu'éterniser la misère, la justice la guérirait peut-être. C'était de justice que les misérables avaient faim, un acte de justice pouvait seul balayer l'ancien monde, pour reconstruire le nouveau... Le grand mouvement des nationalités était l'instinct, le besoin même que les peuples avaient de revenir à l'unité. Partis de la famille unique, séparés, dispersés en tribus plus tard, heurtés par des haines fratricides, ils tendaient, malgré tout, à redevenir l'unique famille. Les provinces se réunissaient en peuples, les peuples se réunissaient en races, les races finiraient par se réunir en la seule humanité. Enfin l'humanité sans frontières, sans guerres possibles, l'humanité vivant du juste travail, dans la communauté universelle de tous les biens. »

Tel est ce livre remarquable, un des plus *pensés* de M. Zola.

Or beaucoup ont écrit sur Rome. Voltaire, en un conte charmant, *la Princesse de Babylone*, la raille spirituellement et superficiellement. On sait la phrase qu'il prête au monsignor qui reçoit la princesse : « Nous sommes des espèces de fripiers qui tirons gloire des vieux habits qui restent dans nos magasins » Stendhal fut violemment amoureux de ses salons et de ses monuments. Ses notes, les *Promenades dans Rome* sont bourrées de renseignements, pleines d'aperçus ingénieux ou profonds. Son étude sur Michel-Ange est définitive ; et nul n'a mieux dépeint les intrigues d'un conclave. Taine y promena son esprit incisif et pointu. Les Goncourt, dans *Madame Gervaisais* ont décrit, non sans charme, quelques uns de ses aspects. M. Zola, malgré les défauts et les insuffisances de son œuvre, a vu Rome dans sa vérité : une ruine majestueuse, réfractaire aux essais de civilisation qu'y tentent ses plus récents conquérants et où agonise, vaincue par la science, la religion la plus anti-naturelle que l'humanité se soit jamais inventée.

Je voudrais, en finissant cette étude ne plus faire aucune restriction. Il faut cependant que je critique encore certaine déclaration de M. Zola et surtout son attitude vis-à-vis de l'Académie.

M. Zola déclarait dernièrement que le seul *criterium* qu'il admit était la forte vente de ses livres. On pourrait lui répondre que si le gros public les achète beaucoup, c'est peut-être, en partie, pour des raisons extra-littéraires, par exemple, pour y chercher les cochonneries que les gens de presse et les gens de l'Idéal prétendaient y avoir découvert. On pourrait aussi lui rappeler ce qu'il écrivait jadis à propos de la vente considérable des romans-feuilletons : « Les abécédaires aussi se vendent beaucoup. » — Je lui dirai simplement que son *criterium* n'est pas infaillible. Il n'aurait, à coup sûr, jamais pensé à le formuler à l'époque où ses premiers livres ne se vendaient pas, s'éteignaient dans l'indifférence générale. Je lui ferai aussi remarquer que beaucoup de livres ne *peuvent* plaire qu'à un public plus restreint que celui qui lit de préférence des romans. Croit-il, par exemple, que l'*Origine des Espèces* de Darwin ait un nombre considérable de lecteurs ? Est-ce que son débit relativement restreint lui enlève rien de sa portée ? Et les livres de vers ? N'y a-t-il pas des livres de vers qui valent toutes les œuvres en prose ? Je ne pense pas que M. Zola, malgré le peu de cas qu'il fait de la poésie, puisse conclure de la moindre diffusion des vers que ceux-ci constituent décidément une forme d'art inférieure. Il est trop intelligent pour cela. — Je l'ai déjà pris vivement à partie à ce sujet — et je ne le regrette pas. (1)

---

(1) A la suite de la publication de cette étude dans *La Plume*, j'ai reçu une lettre de M. Zola. J'en extrais ces lignes : « ...Comment pouvez-vous croire que je ne pèse les œuvres qu'à la balance du succès ? C'est là une légende imbécile. Jamais je n'ai dit cela, jamais je ne l'ai pensé. J'ai toujours méprisé le succès et j'ai dit combien il était inquiétant et

Quant à l'Académie, n'est-il pas stupéfiant qu'un homme de sa force, l'auteur d'une œuvre qui restera comme une des plus marquantes du siècle s'entête à pénétrer dans ce paradis des radotages séniles? Quel mirage lui vaut donc le rêve de s'affubler d'un costume grotesque, de prendre place parmi des poëtes du calibre de M. Coppée, parmi de vieux Panama comme M. de Freycinet et des nullités fluides comme M. d'Aumale et M. Boissier? Quelle ambition : s'asseoir, en qualité de romancier, entre M. Claretie, cette gélatine et M. Cherbuliez, ce Suisse à la troisième puissance! On dirait qu'il ignore que ces fantoches ne consacrent rien, que leur influence est nulle, que quiconque a le respect de sa personnalité les tient en mépris. Ne voit-il pas que son entêtement à prendre part aux séances du macaquisme académique met un baume dans le cœur de ces anthropoïdes effondrés; qu'ils font des gorges-chaudes sur son compte; que, quand ils l'entendent frapper à leur porte, ils s'imaginent exister?... Qu'il reste dehors avec Balzac, son maître. Il a mis debout une œuvre que *personne*, à l'heure actuelle, ne serait capable de renverser; il a *créé de la vie*, la seule chose qui importe en art : cela suffit à sa gloire. Qu'il ne se diminue donc pas en implorant les suffrages d'une troupe de guignols poussiéreux, bons à ensevelir sous les champignons, au fond des catacombes.

Il écrivait jadis (dans *le Roman expérimental, p. 188*): « L'Académie a cessé d'exister, j'entends comme force et comme influence dans les lettres. On se dispute toujours très âprement les fauteuils, de même qu'on se dispute la croix, par ce besoin de vanités qui est en nous. Mais l'Académie ne fait plus loi, elle perd même toute autorité sur la langue. Les prix littéraires qu'elle distribue ne comptent pas pour le public ; ils vont le plus ordinairement à des médiocrités ; ils n'ont aucun sens, n'indiquent et n'encouragent aucun mouvement. L'insurrection romantique s'est produite malgré l'Académie qui, plus tard, a dû l'accepter. Aujourd'hui le

---

fâcheux parfois. On me prête vraiment trop de bêtises et de vilenies. » Ne connaissant pas personnellement M. Zola, j'ai suivi, en effet, les opinions que lui prêtaient les *reporters* en ses *interviews*. Aujourd'hui, je vois que je me suis trompé. Naturellement, ayant à choisir entre des interprétations de journalistes et l'affirmation de M. Zola, je crois celui-ci.

même fait est en train de se produire pour l'évolution naturaliste ; de sorte que l'Académie apparaît comme un obstacle, mis sur la voie de notre littérature, que chaque génération nouvelle doit écarter à coups de pied — après quoi l'Académie se résigne. Non seulement elle n'aide à rien mais elle entrave et elle est assez vaine et assez faible pour ouvrir les bras à ceux qu'elle a voulu d'abord dévorer. Une institution pareille ne saurait donc compter dans le mouvement littéraire d'un peuple ; elle n'a ni signification, ni action, ni résultat quelconque. Son seul rôle, que certaines personnes lui reconnaissent encore, serait d'être gardienne de la langue. Et ce rôle même lui échappe ; le dictionnaire de M. Littré, si savant et si large, est plus consulté aujourd'hui que le dictionnaire de l'Académie ; sans compter que depuis 1830, les plus grands écrivains ont singulièrement bousculé ce dernier, dans un élan d'indépendance superbe, créant des mots et des expressions, exhumant des termes condamnés, prenant des néologismes à l'usage, enrichissant la langue à chaque œuvre nouvelle, si bien que le dictionnaire de l'Académie tend à devenir un monument curieux d'archéologie. Je le répète, son rôle est radicalement nul dans notre littérature ; elle reste une simple gloriole. »

Voilà qui était bien dit. Pourquoi changer de sentiment aujourd'hui ? Pourquoi mendier cette gloriole ? — Quand on est un mâle, comme M. Zola, on ne fréquente pas chez les eunuques.

XII

DOCUMENTS

RIEN de plus baroque que ces rappels au respect des Anciens-de-lettres par où se dégonfle volontiers l'âme flatueuse des « jeunes élèves » de notre génération qui montent la garde autour des Notoriétés. Le fait qu'un écrivain soit parvenu à la décrépitude, après un certain nombre de volumes publiés, leur semble tellement admirable qu'ils assourdissent de leurs cris le violateur de Capitoles, l'iconoclaste assez osé pour disséquer l'objet de leur vénération, sans souci du piédestal où ils le juchèrent. Tel qui trouve tout naturel qu'un physiologiste étudie une fonction animale, qu'un philosophe démontre le mécanisme d'un phénomène de la pensée, s'indigne, comme d'un sacrilège, des audaces du malappris qui tente, en toute bonne foi, selon le concept de vie et d'art qu'il se créa, d'étudier les manifestations littéraires de son temps. Il serait pourtant d'une intellectualité plus élevée d'admettre que l'œuvre d'un producteur, quel que soit l'âge de celui-ci, quel que soit aussi le moyen d'expression choisi par lui pour s'affirmer, relève du jugement de tous et de chacun. Si, sous couleur de respect, certains prétendent interdire de porter ce jugement, ils font preuve de servilisme, de calcul adroit ou simplement d'une mentalité rudimentaire au point de ne pouvoir se hausser jusqu'à l'analyse. Ils subissent l'action d'autrui et au lieu de réagir, ainsi que le demande le jeu normal, naturel de nos facultés, ils répercutent cette action en l'affaiblissant. Prendre chez autrui, comme on prend un rayon de miel dans une ruche, la part de sa production qui nous est assimilable ; démontrer, avec exemples et preuves à l'appui, comment et pourquoi cette part peut concourir à notre propre développement ; rejeter, avec exemples et preuves à l'appui, les éléments qui nous semblent susceptibles de fausser notre personnalité, tel est notre devoir strict lorsque nous nous mêlons de critique, telle est la seule façon dont nous puissions nous distinguer des gens de *l'a priori* et des jugeurs sans portée qui opèrent aux feuilles publiques. Par ainsi, nous n'aurons pas à nous inquiéter de rechercher si l'individu que nous étudions en son œuvre est âgé de dix-huit ou de cent vingt ans, s'il a conquis le suffrage du grand nombre ou seulement celui de quelques-uns. Nous le jugerons, selon nos tendances et nos besoins intellectuels, sans avoir cure de ménagements politiques ni d'embrigadement à la suite d'une Influence. Et nous aurons la joie d'échapper aux compromissions, aux marchés louches qui font de la littérature actuelle une puante loge de portier, une parlote haineuse et ridicule où s'émoussent, s'ils n'ont la force de se tenir à l'écart, les caractères les mieux trempés.

Très malheureusement, beaucoup de la gent-de-lettres ne paraissent guère disposés à admettre des principes aussi simples. A peu d'exception près, ils semblent ignorer l'indépendance aussi bien que la solidarité. — Incapables, dirait-on, de fierté, les uns passent leur vie à genoux, occupés à chanter l'immaculée-conception du dieu qu'ils élurent. Ils ne veulent pas qu'on touche au voile qui garde le mystère de leur Saint-des-Saints. S'ils daignent quelques révélations touchant la parole dont ils se constituèrent les hiérophantes, ces révélations, elles-mêmes revêtent un caractère d'oracle incompréhensible. Et ils grincent des dents quand on viole le secret du temple, quand l'on démontre que leur idole est périssable.

D'autres appartiennent à cette variété qui prône l'art pour l'art. C'est une caste bourgeoise. La Beauté, selon eux, constitue un monopole dont ils ont seuls la jouissance. Cette beauté, ils la circonscrivent d'un certain nombre de formules desquelles ils ne veulent pas qu'elle sorte. Loin de la rechercher dans toutes les manifestations de l'esprit humain, loin de supporter qu'on l'exprime sous la forme Justice, Vérité ou conflit des êtres, ils la placent dans une attitude immuable où elle s'ankylose. Cela, d'après un Idéal tellement vague que, lorsque on leur demande de le déterminer, ils l'envoient se promener dans les espaces cosmiques. Et pourtant, ils répéteraient volontiers cette sottise de Baudelaire :

> *Je hais le mouvement qui déplace les lignes*
> *Et jamais je ne pleure et jamais je ne ris.*

Ils sont les Spécialistes : des *Snobs* transcendants.

D'autres sont doux comme mélasse. Ils admirent celui-ci ; ils goûtent fort celui-là : ils aiment également le noir et le blanc. Ils prodiguent les coups de chapeau à quiconque tient une plume. Ils accompagnent volontiers — d'un peu loin — l'homme libre qui va droit son chemin, soucieux seulement de se perfectionner toujours. Tant qu'il se contente de semer des fleurs, ils les ramassent et même s'en parent. Mais ils l'abandonnent dès qu'il sonne la révolte contre les Consacrés surfaits, dès qu'il attaque, par exemple, Untel dont l'œuvre lui parut néfaste... « Hélas ! disent-ils, Untel est un si charmant homme. »

Hé ! bonnes gens, qui vous dit le contraire ? On vous concède qu'Untel a toutes les vertus, qu'il cause bien, que, dans ses rapports avec ses cadets et ses confrères, il se montre d'une aménité parfaite... Cela ne suffit pas pour excuser ses mauvais vers ou sa mauvaise prose. Mais les Doux n'entendent à rien ; la violence les attriste — du moins ils l'affirment. Puis ne leur demandez pas de déduire les causes de leur tristesse — ils ne sauraient ; toute démonstration les offusque... On mépriserait fort la mollesse de ces âmes mellifues si l'on ne savait qu'il faut prendre les faibles en pitié.

Il y a encore les baladins. Ceux-ci, entrepreneurs de calembours ou fauteurs d'esprit « bien parisien », se sont délégués au département des facéties. Leur fonction consiste à déposer de petites fientes le long des œuvres sérieuses que leur âme de crécelle ne peut comprendre. Pour marotte, ils brandissent « la Blague » afin que les sots s'esclaffent. Ils dessinent sur les murailles la caricature de ceux qui pensent et ils inscrivent au-dessous des devises de mirliton. Ils empêchent la foule de prendre conscience d'elle-même en lui montrant leur derrière. Ils sont fort lugubres.

Viennent enfin les ratés. Traînant des moignons de membres, ils rampent dans la poussière et ils mordillent les jambes des Forts qui passent et qui leur font l'aumône d'un sourire. Ils recherchent les épluchures afin d'en souiller autrui. Ils colportent les médisances et les calomnies. Leur peu d'énergie se dépense à rechercher la phrase qui pique. Toute production les offense comme un outrage personnel. Comme ils sont laids ! — Leurs yeux louchent, leur regard trouble charrie des rancunes et le désespoir de leurs avortements. Un sang injecté de bile leur verdit la face dès qu'une œuvre de conscience descend illuminer la bourbe où grouille leur âme. S'ils parlent, c'est pour cracher du poison. S'ils croient avoir réussi à offenser quelqu'un, leur bouche se tord, remonte de travers en une grimace affreuse qui convulse leurs traits. Ils coupent d'un rire convulsif les vilenies et les ordures, parfois enrobées de sucre rance, qu'ils profèrent. Mélancoliques et souffreteux, ils meurent bientôt de la jaunisse, à moins qu'ils n'entrent dans le journalisme — ce qui est pire... Pauvres gens et combien à plaindre !

Eh bien, malgré toutes ces petitesses, toutes ces perfidies, toutes ces impuissances qui s'entendent assez bien pour entraver l'écrivain épris de son art hormis toutes les questions de personnes, malgré la haine sournoise des Chers Maîtres jetés à bas de leurs autels, quelle joie l'on ressent à exprimer sa pensée intégrale sous toutes les formes ! Celui qui est convaincu qu'il fait œuvre bonne en ne frelatant pas son sentiment de calculs et de respects, celui qui ne s'obstrue pas l'esprit de ménagements adroits, qui juge et produit sans rien atténuer des idées qu'il aime, celui-là peut avoir la conscience en repos : il triomphera tôt ou tard pourvu qu'il s'entête à dire ses joies et ses colères selon lui-même, tout seul s'il le faut — simplement parce que *cela lui fait plaisir*.

*.

L'œuvre des Goncourt, tatillonne, fureteuse, *bibelotière*, experte au rendu des infiniments petits de la sensation, leur goût du détail bizarre, leur style maladif, trépidant, fort incorrect malgré d'énormes prétentions à « l'écriture artiste » appartiennent à la littérature de décadence. Les Goncourt portent sur le nez des lunettes déformatrices dont les verres irisés leur valent une vision spéciale des choses. Ils ignorent les aspects larges de la vie ; ils n'en aiment vraiment que les déviations. Analystes méticuleux, déductifs peu aptes aux inductions, ils composent leurs livres de minces fragments d'émotions placés les uns à côté des autres. Ils montrent une telle préoccupation de noter des particularités infimes — et négligeables — qu'ils se classent parmi ces entomologistes de la psychologie plus soucieux de piquer sur un carton les papillons noirs et les *blue-devils* qui vagabondent dans l'âme de leurs personnages que de bâtir des ensembles. Le « petit fait » les régente. Et il les régente à ce point qu'à force de s'en exagérer l'importance, ils se rendirent incapables de synthèse. Ils firent des mosaïques — des tableaux, non.

Cependant, malgré l'infériorité de leur méthode, malgré leur esthétique de commissaires-priseurs et de collectionneurs maniaques, malgré la fièvre qui les secoue, comme les Goncourt ont été d'extrêmes sensitifs, vivant et produisant par soubresauts, comme le faisandé de leur art exhale l'odeur de la société actuelle, ils intéressent, ils passionnent parfois de la même façon qu'un « cas » intéresse et passionne un médecin.

Ils ont donné quatre beaux romans : *Charles Demailly, Manette Salomon, Renée Mauperin, Germinie Lacerteux*. Instaurant dans ces livres des impulsifs morbides, ils ont merveilleusement réussi à les faire vivre parce qu'ils trouvaient en eux-mêmes les sentiments exaspérés, la sensibilité quasi-frénétique qu'ils leur prêtèrent. Il faut mentionner aussi, bien qu'ils soient d'une valeur beaucoup moindre, deux des livres que M. Edmond de Goncourt publia après la mort de son frère : *la Fille Elisa* et *la Faustin*.

Dans leur théâtre, *la Patrie en danger* plaît assez. Quant à leurs publications historiques, elles sont absolument remarquables. Michelet les cita et il eut raison car maints dessous de l'histoire du XVIIIᵉ siècle y sont restitués à miracle. Une seule de ces études fait peut-être exception : *l'histoire de Marie-Antoinette*. On y trouve, en effet, un parti-pris de réhabilitation, un souci de se conformer à la légende qui en diminue la portée. Nul ne doute aujourd'hui — sauf ceux qui ont un intérêt à douter — que Marie-Antoinette ait été une caillette brouillonne, néfaste à la monarchie et, de plus, une tribade avérée. Cette comédie assez mal réglée : le procès du Collier ne la place pas dans un beau jour ni les faveurs accordées successivement ou simultanément à Coigny, à la Lamballe, à la Polignac et à Fersen. Enfin, si l'on coupa le col à ce pauvre diable de Louis XVI, elle put revendiquer une large part de responsabilité dans cette vivisection opérée par les Bourgeois de 1793 et que les Bourgeois d'aujourd'hui déplorent afin de détourner le peuple de leur en faire autant quand viendra pour eux le moment de rendre des comptes c'est-à-dire d'entrer en relation avec cette guillotine dont ils tirèrent et dont ils tirent encore un si charmant parti. D'ailleurs, le rôle de la guillotine, quant à l'intérêt sauvegardé de nos Prépotences, n'est plus le même qu'autrefois. Pendant la Révolution, il s'agissait de supprimer les Nobles qui trouvaient mauvais qu'une bande de voleurs, dénuée de parchemins, leur ravît le produit de leurs propres vols : châteaux, terres, numéraire, etc. Actuellement, la guillotine sert à couper en deux morceaux certains malades meurtriers formés par le milieu que détermina la caste prépondérante et aussi à se venger des personnalités explosives qui traitent les Bourgeois... comme ils le méritent.

Les Goncourt — du moins le survivant l'affirme dans *Préfaces et manifestes littéraires* — ont répandu en France le goût du japonisme. On peut, si l'on veut, leur en savoir gré. Il est certain que toutes manifestations d'art qui décèlent la façon dont un peuple comprend la beauté sont faites pour nous séduire. Il est également certain que le japonisme eut une influence déplorable sur beaucoup de peintres — notamment sur tels des impressionnistes. Manet lui-même, malgré son génie, la subit parfois fâcheusement.

Enfin les Goncourt ont rédigé leur *Journal*, leurs *Mémoires de la vie littéraire*. Ils s'y sont révélés comme des *reporters* supérieurs. Maints compte-rendus des dîners Magny, maintes conversations avec Flaubert, Renan, Gautier, Taine, Saint-Victor sont du plus haut intérêt, crient la véracité. Sainte Beuve apparaît tel qu'il fut ; l'homme de ses livres. Nombre de personnages, entre autres madame Mathilde Demidoff, sont dessinés d'un trait cursif, allègre ; et ces silhouettes nous amusent. Il y a de tout dans ce *Journal* où les Goncourt exposent, avec une entière franchise leurs « manières de voir et façons de penser » à la mode de ce Gavarni avec lequel ils ont de multiples points de ressemblance. Leurs réflexions sont souvent curieuses, leurs jugements exacts et bien formulés. D'autres fois, ils étalent les incompréhensions les plus lourdes, ils émettent des sottises redoutables et ils font preuve d'une niaiserie consternante. On trouve, çà et là, des *mots* de vaudevilliste, imputables, je crois, à Jules de Goncourt, des diagnostics sur la santé quotidienne des deux frères qui nous laissent parfaitement indifférents. On trouve aussi des états d'âme poignants, exposés selon la plus grande simplicité et qui, par cela même, nous touchent au cœur. Ainsi, la tristesse ressentie après l'insuccès d'*Henriette Maréchal*. Ainsi, toutes ces notes où M. Edmond de Goncourt mit son angoisse pendant l'affreuse et lente agonie de son jumeau spirituel. Je me rappelle que les larmes me vinrent aux yeux lorsque je les lus pour la première fois.

En somme le *Journal*, *compendium* hétéroclite des émotions et des opinions de deux êtres maladifs et passionnés, à la merci de leurs sensations immédiates, souvent bêtes comme des concierges de lettres, souvent compréhensifs et presque aussi vibrants que des poètes, le *Journal* est un document précieux pour la connaissance d'une habitude d'esprit qui prédomina chez plusieurs de nos aînés La façon dont M. Georges Moore le jugea dans ses *Confessions*, bien qu'elle contienne une part de vérité touchant la vanité outrancière des Goncourt, apparaît un peu injuste. Voici l'impression de M. Moore : « Goncourt n'est pas un artiste malgré toute son affectation et ses prétentions. Ce n'est pas un artiste ! Il me fait l'effet d'une vieille femme qui pousse des cris perçants en quête de l'immortalité et essaie d'en abattre quelques fragments avec un balai. Autrefois, c'était un duo, maintenant c'est un solo. On écrivait des romans, des histoires, des pièces ; on faisait collection de bric-à-brac ; on écrivait sur ce bric-à-brac ; on faisait des aquarelles, des gravures à l'eau-forte ; on faisait un livre sur ses aquarelles et ses eaux-fortes ; on avait fait un testament prescrivant de vendre après sa mort le bric-à-brac et, avec le produit de cette vente, de fonder un prix pour le meilleur essai ou le meilleur roman, je ne sais lequel. On écrivait sur le prix qu'on allait fonder. On tenait un journal ; on mettait par écrit tout ce qu'on entendait, voyait ou sentait. Radotages de vieille femme ! On ne devait rien laisser échapper, pas même le plus petit mot, ce pouvait être précisément ce mot qui donnerait l'immortalité... Le véritable artiste ne s'inquiète pas de l'immortalité. Il traite les idées et les sensations comme une argile avec laquelle il peut créer. » Je partage entièrement le sentiment exprimé dans cette dernière phrase. Mais je crois que le *Journal* lui-même vaut plus que ne le prétend M. Moore parce qu'il nous présente deux hommes n'ayant qu'une âme, confinés dans la variété : gent-de-lettres, et qui, sans s'en apercevoir, se croyant toujours incomparables, se sont révélés complets, avec tous leurs défauts et toutes leurs qualités. A ce titre, le *Journal* est intéressant et il le serait encore davantage s'il n'y avait pas les derniers volumes, surtout ce tome IX (1) que nous allons étudier rapidement — d'autant plus rapidement qu'il ne mérite pas un examen bien approfondi.

Nous laisserons de côté les contributions à la biographie de la famille Daudet. Celle-ci étant des moins remarquables, les faits et gestes de M. Léon, de M. Alphonse et de M. Ernest, leurs conversations, leurs opinions ne nous importent pas plus que celles de MM. Theuriet, Malot ou Ohnet. Nous ne nous arrêterons pas aux vieux enfantillages par quoi M. de Goncourt expose son autolâtrie. Nous n'éclaterons pas en sanglots prématurés à cause de notes telles que celle-ci : « De mauvais jours, vendredi dernier et aujourd'hui, des jours de colique hépatique » (p. 47), parce

---

(1) LE JOURNAL DES GONCOURT, TOME IX, 1 vol. chez Charpentier et Fasquelle.

qu'il nous est infiniment égal que M. de Goncourt ait la colique. Nous ne relèverons même pas la *roublardise* stupéfiante selon laquelle certains peintres et certains gens de lettres parviennent en aguichant la vanité de M. de Goncourt à lui faire écrire quelques sottises enguirlandant leur nom. Nous contesterons seulement la valeur que M. de Goncourt découvre aux assidus de son grenier. En effet, les négligeables Daudet et M. Henri de Régnier qui a du talent mis à part, quels sont-ils ces thuriféraires à qui M. de Goncourt répercute, avec une obstination sénile, les louanges d'un acabit plus ou moins suspect dont ils ne cessent de le bombarder ? Il y a M. Rodenbach, poète grisâtre et visqueux ; ses vers coaguleraient les méninges les plus résistantes si l'on ne se gardait soigneusement de les lire. M. Rodenbach goûté, et cela est caractéristique, des seuls prosateurs fourbus : tels, M. Mirbeau et M. Coppée, M. Rodenbach dont le *quelconquisme* rusé arrive presque à simuler une personnalité, M. Rodenbach qui tient boutique de choses fanées — et s'en vante.

Qui encore ?

M. Jean Lorrain, historiographe des hautes putains de France, plagiaire de Laforgue et de Rimbaud quand il s'efforce à quelque littérature, M. Jean Lorrain qui aurait tous les droits à revendiquer le sceptre du *snobisme* si M. de Montesquiou-Fezensac, autre Goncourtisant, n'existait pas. Il faut le dire une fois pour toutes, puisque l'occasion se présente de s'occuper de cette nullité à cravates multicolores et à hortensias, M. de Montesquiou n'a *aucune espèce de valeur littéraire*. N'était l'effronterie des quincailliers académiques qui le préfacient, il n'y aurait pas même lieu de citer son nom. Son œuvre, d'ailleurs fort louangée des feuilles publiques et, par conséquent, moins que médiocre, mérite, tout juste, la vente au poids du papier. Elle ne peut donc intéresser que les négociants en denrées coloniales qui s'en serviront tôt ou tard pour y ensacher du poivre et de la cannelle. Essentiellement flanqué de ces trois personnages, M. de Goncourt jabote. Ignorant *tout* du mouvement littéraire contemporain, il enregistre avec une sérénité déplorable les rosseries que lui soufflent maints « chers camarades », il s'extravase en des sténographies comme celle-ci : « Un moment, on entend Coppée, dont le ricanement de la voix (quel style !) prend quelque chose de la pratique de Polichinelle : « Oh ! les jeunes ! Je me rappelle, moi, mes premières visites chez Leconte de Lisle... Je m'y rendais comme on va à la Mecque ; maintenant, eux, à la première entrevue, de bouche à bouche, ils vous traitent de vieux cul » (p. 199). Il est fort possible que M. Coppée ait été traité de vieux cul par de jeunes littérateurs. S'il s'attira cette qualification mal-gracieuse, ce fut sans doute un jour où il avait menti, selon sa coutume, sur le compte des écrivains de notre génération. Quant à ce fait que les Jeunes qui se respectent ne vont chez personne « comme on va à la Mecque » cela prouve qu'ils ont le souci de leur dignité ; ce manque d'esprit fétichiste plaide à coup sûr, en leur faveur... Puisque en feuilletant ce *Journal* j'ai mis le pied dans M. Coppée, je ferai encore une citation caractéristique : « Coppée c'est par excellence le causeur parisien du siècle de la blague, avec tout l'admirable sous entendu de la conversation : les phrases commencées, finies par un rictus ironique, les allusions farces à des choses ou à des faits connus du monde *select* et pourri de l'intelligence » (p. 5). Eh ! bien c'est justement parce qu'ils savent que M. Coppée est un parfait sceptique, des plus spirituels d'ailleurs, que certains, considérant les manuels d'abêtissement que sont ses livres et ses articles, l'effort à flatter les penchants inférieurs de la foule — patriotisme ou pornographie — qui s'y décèle, le tiennent en mépris.

Çà et là M. de Goncourt se lamente parce qu'il croit qu'on ne lui rend pas justice. Que lui faut-il donc ? M. Jean Lorrain le complimente sur ses joues roses, M. de Régnier, sans aucun mandat pour cela, lui fait accroire, que la jeunesse l'idolâtre, on lui offrit un banquet au sujet duquel les ophicléides de la presse lui soufflèrent des flagorneries au visage. Au fond, comme beaucoup d'autres vieux personnages, il voudrait recommencer la prodigieuse aventure du Père Hugo. Il se rêve perché sur un Himalaya de littérateurs prosternés auxquels il distribuerait, selon son humeur, des bénédictions ou des foudres. Malheureusement il lui manque un choryphée du servilisme semblable à ce Manassé Mendès qui léchait si allègrement les bottes du Père Hugo. L'espèce disparaît et bientôt, lorsque M. Mendès sera rentré dans le sein d'Abraham, on n'en trouvera plus aucun spécimen.

Que *sélecter* encore de ce *Journal* ? Il abonde en descriptions bric-à-braqueuses qui nous laissent indifférents. Il semble que M. de Goncourt ait besoin d'un tas de bibelots autour de lui pour penser. Personnellement, ses énumérations m'ennuient. J'ai le malheur de n'attacher aucune importance au bibelot. Qu'on m'enferme entre quatre murs blanchis à la chaux, les tableaux que mon imagination y accrochera vaudront, j'ose le croire, toutes les fanfreluches chères à M. de Goncourt. — Toutefois, je comprends très bien qu'on se passionne pour ces amusettes. C'est l'indice d'une cristallisation mentale curieuse.

A travers le fatras de ce *Journal*, on trouve tout de même deux ou trois jugements justes. Celui-ci qui fait allusion à la mise à plat ventre de la Grrrande Nation devant des navigateurs kalmouks : « La France n'a plus la mesure d'une nation bien portante. Dans ses sympathies, ses affections, c'est une détraquée dont les engouements ont l'humble domesticité d'une courtisane amoureuse » (p. 165). De telles exactes constatations sont rares dans le volume.

En résumé, l'entourage de M. de Goncourt devrait lui persuader de se tenir tranquille. Il est sans doute mûr pour le monument puisque, après avoir prôné toute sa vie les raffinements artistiques, après avoir promulgué ce dogme inepte qui rendit fous nombre de prosateurs : « L'épithète rare est la marque de l'écrivain », il en est venu à admirer les choses extraordinaires qu'étalent les bazars à treize sous, ceci : « Une jolie imagination : sur la nacre d'une vraie coquille, une petite naïade toute longuette, modelée en cire rose, travaille à détacher la perle de la coquille » (p. 127). L'accident arrivé à Sadi Carnot le 24 juin 1894 lui suggère cette *unique* réflexion : « Pas de chance vraiment dans la publication de mes livres. En 18..., mon (1) premier volume a paru le jour du coup d'Etat de Napoléon III, le septième volume du *Journal des Goncourt*, peut-être le dernier volume que je publierai de mon vivant, voit ses annonces et ses échos arrêtés par l'assassinat du président de la République » (p. 239). Enfin, quand nous aurons signalé cette faute de français : « Nous

---

(1) Nôtre, s'il vous plaît, M. de Goncourt.

arrivions chez les marchands de curiosités, à l'heure où, *se disposant à partir* pour aller dîner en quelque « tournebride » près Vincennes, *les volets* étaient déjà fermés » (p. 69), quand nous aurons relevé cette déclaration que les artistes de cirque sont immortalisés dans *les Frères Zemganno* (p. 247), nous aurons un aperçu à peu près complet de l'intellect de M. de Goncourt en son état actuel.

***

M. Clémenceau qui fut le « Warwick des ministères » qui se dépensa, pendant des ans, dans la politique, enfin revenu à une conception plus saine de la vie, réunit en un volume d'un grand intérêt ses réflexions sur le *magma* social où nous sommes embourbés. Il y ajoute des notations de nature exquises et des portraits de prolétaires, de terriens et d'animaux d'une intensité merveilleuse. Son livre (1), comme déjà la *Mêlée Sociale* qui parut l'an dernier, est une véritable encyclopédie des conflits actuels de l'espèce. J'éprouve d'autant plus de plaisir à signaler sa haute valeur que M. Clémenceau n'est pas un *professionnel* de la littérature. Aussi, son style, le courant d'idées qu'il détermine appliquent une tape magistrale sur le derrière des esthètes grelottants qui tiennent notre art pour un édifice mystérieux où il sied que les spécialistes vocalisent en chœur, hormis tout profane. Tels chapitres du *Grand Pan : le Cinquième État, le Préfet et le Forgeron, Jacques Fagot*, beaucoup d'autres sont des chefs-d'œuvre... J'affirme que le mot n'est pas trop fort. Il y a là une vigueur, une santé faites pour réjouir. Quant à la préface, cet hymne à la gloire de notre mère la Nature, cette exaltation de la Volonté, elle est tout simplement magnifique. — Je ne reprocherai à M. Clémenceau qu'une chose. Pourquoi, s'abstient-il, dénonçant avec une telle lucidité nos plaies sociales, d'étudier une des plus horribles : le militarisme ? Par suite de quels scrupules patriotaux ne fustige-t-il pas les individus qui perpétuent parmi nous l'art d'assassiner de loin son prochain ? C'est tout au plus s'il fouaille

---

(1) LE GRAND PAN. 1 vol. chez Charpentier et Fasquelle.

en passant l'immonde chacal Gallifet. Il y a là une lacune qu'on voudrait lui voir remplir.

Je ferai trois citations. Celle-ci d'abord, tirée de *la Mêlée Sociale* parce qu'elle fait allusion à cette fangeuse baderne crevée récemment, née d'un coït entre les phantasmes de Turgot et les calembredaines de l'école de Manchester, à ce domestique du Grand-Voleur Rotschild : Léon Say. Voici : « Tout l'art des économistes consiste à faire courir des culs-de-jatte ficelés dans un sac contre le vainqueur du dernier Grand Prix de Paris. Liberté pour tout le monde ! En avant les culs-de-jatte, et bonne chance ! Tiens ! le pur sang est vainqueur, qui l'aurait cru ? Eh bien, il est le plus fort voilà tout... Culs-de-jatte mes amis, tâchez qu'il vous pousse des jambes » (p. 140). Cette phrase symbolise à miracle les rapports entre patrons et ouvriers tant que ceux-ci incités par les Jaurès et autres Guesdes, font des grèves de « bras croisés », alignent trois sous contre les millions du Capital, au lieu de sauter à la gorge des individus qui les sucent.

Je citerai encore une phrase du discours prononcé par Jules Soury au banquet Berthelot, phrase rapportée dans la préface du *Grand Pan* : « Les lois qui régissent les mouvements des étoiles de l'univers sidéral sont les mêmes que manifestent les dernières particules des corps organisés, des atomes et des molécules, du protoplasma des plantes et des animaux. Car il n'y a pas deux mécaniques, une mécanique céleste et une mécanique cérébrale ; deux chimies, une chimie organique et une chimie inorganique ; deux physiologies non plus que deux psychologies, l'une pour les hommes, l'autre pour les animaux. Partout éclate la continuité des phénomènes naturels.... L'unité suprême de la nature a sa plus haute expression dans l'unité de la science. » (1)

Enfin je conclurai sur cette phrase de M. Clémenceau : « L'homme sain accepte le monde avec ses conditions d'existence auxquelles nul ne peut se soustraire, et, dépensant toutes ses énergies dans l'action, au lieu de médire de la vie, il la fait meilleure et plus belle en prodiguant autour de lui tout ce qu'il peut

---

(1) *Esot. Prop: H 112* ; Le microcosme évolue selon le macrocosme et réciproquement.

de lui-même. La lutte pour l'évolution de l'être, c'est la loi dure ; il l'adoucit par la loi compensatrice du secours à la faiblesse. Douleurs et joies qui se pénètrent et ne se peuvent déprendre... ». (p. 79 de la Préface).

Ah ! M. Clémenceau vous êtes bien plus révolutionnaire que vous ne vous le figurez vous-même.... Marchez de l'avant !

XIII

PROSES DIVERSES

M. Paul Adam : *La Force du Mal* (1 vol. chez Colin). — M. Félicien Champsaur : *Le Mandarin* (3 vol. chez Ollendorff). — M. Louis Lumet : *Contre ce temps* (1 vol. *Bibliothèque de l'Association*). — M. Georges Eckhoud : *Le cycle patibulaire* (1 vol. *Mercure de France*). — M. Hugues Rebell : *Le magasin d'auréoles* (1 vol. *Mercure de France*).

Si différents qu'ils soient quant à l'inspiration, quatre des volumes que je vais étudier portent, outre la marque du talent, un caractère de *pensée* bien déterminé. De plus en plus, l'art se sort des ornières où les fantaisistes, les lécheurs de bourgeois, les joueurs de flûte et les ciseleurs de joailleries décadentes l'avaient enlisé. Les préoccupations sociales l'emportent. Ceux des écrivains de notre génération qui goûtent peu les échanges de fioritures cénaculaires, ceux qui veulent joindre, dans leur œuvre le rendu des idées à celui des sensations et des sentiments ont compris que l'homme peut et doit nous intéresser dans ses rapports avec la société comme dans ses conflits avec les forces naturelles. Peindre l'homme *actuel* dans toutes ses attitudes, en

faire le symbole des relations *éternelles* de l'espèce et de l'univers, c'est renforcer l'art de philosophie ; cela ne peut que contribuer à la beauté d'un livre. Plusieurs agissent ainsi, et ce n'est pas là leur moindre mérite.

Nul, parmi les prosateurs de l'heure présente, n'a mieux senti que M. Paul Adam ce désir d'évoquer toute la vie, de la poursuivre en ses méandres les plus mystérieux. Lorsqu'il ne s'égare point en tels projets de colonisation qui lui valent l'approbation déshonorante de sénateurs calvinistes, lorsqu'il néglige les ambitions politiques, il fait preuve d'une compréhension, d'une divination des idées et des êtres qui le classent parmi les plus intellectuels de l'époque. J'écrivais naguère qu'il avait seul le droit de revendiquer l'héritage de Balzac. Je le pense encore. En effet, non seulement ses livres révèlent des qualités de style et d'évocation de tout premier ordre, mais encore ils fourmillent d'inductions profondes pénétrant dans les régions les plus essentielles de l'âme humaine. A le lire, on goûte un plaisir cérébral violent, une véritable griserie de pensée. Il crée des hommes ; il leur souffle l'existence. Quel plus beau titre à la gloire — à cette gloire qui lui viendra un jour, quand on voudra bien reconnaître que ces fresques admirables : *le Mystère des foules*, *Robes rouges*, *Être* égalent en signification et en intensité les œuvres les plus hautes du siècle. Aujourd'hui, M. Paul Adam n'est vraiment coté à sa valeur que par peu de gens. Tandis que les savetiers de presse, occupés à vanter les sombres imbécillités par quoi leurs collègues tentent, vainement, de prouver leur valeur littéraire ou à recommander, comme émoustillantes, des pornographies archéologiques, font le silence autour de M. Paul Adam, nous sommes pourtant quelques-uns qui disons à quel point il nous apparaît un grand écrivain. Par exemple, il tombe sous le sens de quiconque s'informe que *la Force du Mal* est le meilleur roman publié cette année, le seul qui, *Rome* mis à part, ait une portée sociale. En voici le sujet brièvement résumé : le docteur Jean Stival, muni depuis peu de son diplôme, ne possédant pas de fortune, s'installe dans une ville industrielle du Nord où, sur la recommandation de savants qui le protègent, il finit par obtenir la clientèle de la noblesse et de la haute bourgeoisie. Son caractère réservé, un peu indécis, son goût de la droiture, sa sensibilité très fine font qu'il a tout

d'abord quelque peine à s'imposer. Il se heurte à l'égoïsme des gros négociants à l'ignorance des pauvres. Il est soupçonné, calomnié, presque assassiné. L'existence provinciale le froisse ; et pourtant il persiste parce que son caractère le pousse à se dévouer. En vain il se voudrait canaille, en vain ses besoins de vie large se heurtent à ses scrupules d'esprit délicat, il reste honnête. La fortune lui échappe parce qu'il ne voulut pas mentir pour sauvegarder des intérêts politiques. L'amour le déçoit. Il s'éprend d'une jeune fille intelligente et pauvre Francine Dhamelincourt qu'il finit, d'ailleurs par épouser. Mais il s'aperçoit alors que là où il fit un mariage d'inclination, elle se résigna à un mariage de convenances. Malgré ce malentendu, tous deux restent amis. Et, grâce à l'estime mutuelle qu'ils se vouent, ils finissent par accepter la vie difficile, contents d'avoir acquis une conscience supérieure. Cela n'est que la carcasse banale du livre, le thème sur lequel M. Paul Adam a brodé des arabesques de pensée vraiment admirables. Voici, comme significatives du rythme douloureux de son œuvre, les dernières phrases. Francine est enceinte et tous deux espèrent que l'enfant qui continuera leur race saura mieux qu'ils ne l'ont fait conformer ses actes à son tempérament :
« Tout agonise, ce soir, en nous, formula-t-elle.... Oui tout agonise...

— Tout va mourir, et sur ces ruines mêmes de nos déceptions un être refleurira...

— La Descendante de ton rêve ?....

— Nous la formerons plus puissante devant la beauté du devoir.

— Saurons-nous la former pour devenir plus courageuse que notre lâcheté présente, ma lâcheté qui regrette ? Le saurons-nous ? »

Ses sanglots la secouèrent librement.

« Son bonheur à construire, c'est une œuvre encore.
— Comment ? »

Ils établirent des plans d'existence. Dans leurs paroles, des illusions nouvelles s'illuminèrent, plus brillantes que la ville, allumée maintenant dans l'abîme des rues.

Francine peu à peu se résigna.

« Va, Jean, nous nous continuerons en elle.... et ce sera de la douceur aussi de souffrir, pour elle, toute sa souffrance. »

Elle se pencha vers son mari ; elle appuya ses lèvres chaudes sur les lèvres sèches de Jean. Ne cherchant plus que la douleur, ils se *crurent* forts. »

Outre une psychologie intense, il y a dans *la Force du Mal*, un va-et-vient de personnages caractéristiques, un grouillis de silhouettes grotesques ou terribles : médecins mondains, sceptiques ou détraqués, viveurs abrutis, bourgeoises hystériques, terriens farouches qui confère au livre de M. Paul Adam une valeur de document des plus précieuses. Enfin, on y trouve la description d'une épidémie de choléra faite avec cet art rapide, évocateur, dédaigneux des détails accessoires, dont M. Paul Adam sait les secrets mieux que quiconque. Maintes phrases donnent le frisson de la beauté parfaite. Cette description est à coup sûr un morceau de maître digne de prendre place à côté de l'incomparable récit de guerre qui termine *le Mystère des Foules*.

Je consacrerai, quelque jour, une étude d'ensemble à l'œuvre de M. Paul Adam. J'y redirai, à coup sûr, ceci que j'ai déjà dit plusieurs fois : M. Paul Adam nous donne souvent l'impression du génie.

M. Félicien Champsaur qui se dépensa naguère en des histoires « bien parisiennes », plutôt médiocres a tenté, dans *le Mandarin*, un mélange du roman d'aventures et du roman de caractère. Son Barsac, type de *strugle for lifer* assez odieux, ne manque pas d'une certaine évocation, nous intéresse par endroits. D'autres fois, nous ne le sentons pas agir. Il faut tenir compte à M. Champsaur de son effort considérable vers une œuvre de pensée et des chapitres où il se hausse à un rendu assez violent de la vie. Le style du *Mandarin* est un peu lourd.

La littérature belge nous a donné, depuis quelques années, outre ces écrivains de grand talent : MM. Lemonnier et Edmond Picard (1) — nos aînés — un dramaturge : M. Mæterlinck, un

---

(1) Je signalerai une brochure de M. Achille Segard sur l'œuvre de M. Picard, brochure très intéressante, posant bien l'homme et l'écrivain.

des meilleurs poètes de ce temps: M. Verhaeren et un vigoureux romancier : M. Eckhoud.

M. Eckhoud a écrit sur la ploutocratie actuelle une étude de premier ordre : *la Nouvelle Carthage* ; il a publié une reconstitution de l'âme du XVIe siècle : *Au siècle de Shakespeare* et une dizaine d'autres volumes, contes, romans, nouvelles dont aucun n'est quelconque. La droiture de son caractère, les parties révolutionnaires de son œuvre, ses opinions libres lui ont valu des persécutions bourgeoises et l'animosité de certains goujats de lettres, ratés fielleux, résidus sous-parnassiens, acharnés à insulter et à calomnier les producteurs dont l'œuvre probe les dérange dans l'élaboration pénible de leurs joailleries à trois sous la douzaine. Il les méprise et il a raison.

Dans *le Cycle patibulaire*, M. Eckhoud a décrit des existences de vagabonds, de révoltés, d'aberrés sexuels ; bref il note l'état d'âme de tous ceux que la société actuelle dévie et déforme. Son style, à larges périodes, très puissant, parfois un peu embarrassé, possède des qualités de couleur tout à fait remarquables. Trois des nouvelles contenues dans ce volume sont surtout à citer : *Gentillie*, *le Tribunal au Chauffoir* et *la Bonne Leçon*. Dans cette dernière, il évoque, avec une intensité extraordinaire, la genèse enfantine de Santo Caserio. C'est une sorte de rêve, d'hallucination où l'âme du Justicier apparaît telle qu'elle fut : simple, primitive et d'impulsion directe.

Enfin M. Eckhoud nous donne la sensation d'un terroir différent du nôtre. Flamand, il aime sa race, il en montre les qualités sans en pallier les défauts. Je l'admire pour sa *robustesse*, sa sincérité et la verdeur de son art.

M. Louis Lumet ne tient pas en très haute estime les milieux littéraires actuels. On ne saurait l'en blâmer. Quiconque les a un peu fréquentés sait à quel point ces réceptacles sont répugnants. M. Lumet s'en tient donc à l'écart et c'est à l'écart qu'il écrivit ce petit livre qui est d'une belle promesse. On y trouve des sensations de nature fort bien rendues, des renseignements irréfutables sur la saleté d'âme des politiciens socialistes et des aperçus ingénieux sur les industries d'art. M. Lumet aime la Terre et cet amour lui vaut des émotions droites qu'il traduit ingénuement : « Les sèves montent dans les plantes et les arbres où s'espèrent les fruits d'avenir. Pour la moisson, les blés se préparent au pur froment qui donne le sang rouge, paysan, la force à tes fils, la grâce à tes filles. Sur la côte, la vigne lentement distille le vin de joie ; dans les prairies, les herbes croissent nécessaires aux bovins. Il n'est aucune place inutile, la vie tressaille dans le paysage vibrant d'une maternelle bonté.... Cependant l'aube rose poudroie à l'orient. Les coqs claironnent le réveil. La tâche journalière me réclame ; mais avant de reprendre ma place dans le cortège des masques hideux : mensonges, trahisons, pour la joie de cette nuit apaisante comme des lèvres d'aimée, longuement, pieusement, je communie avec l'âme de la Terre. »

Contre ce Temps s'ouvre sur une intéressante préface de M. Baffier et s'illustre de dessins attrayants.

M. Hugues Rebell abomine la démocratie. En quoi, il a raison. Il proposa naguère, pour remède à cette démocratie fangeuse, une alliance entre M. de Rotschild, le prince de Sagan et la gent-de-lettres. En quoi, il eut tort. Ecrivain agréable, dilettante avec des retours de passion, il intéresse lorsqu'il se fâche. Lorsqu'il argumente, il est superficiel et peu concluant. Il écrivit une noble et courageuse défense d'Oscar Wilde qui lui valut la sympathie des sincères et la réprobation de Tartufe. Enfin il appartient à cette catégorie d'esprits qui traitent les questions sociales par la plaisanterie. Ce qui est trop facile et indigne de l'auteur des *Chants de la Pluie et du Soleil*. Dans son *Magasin d'auréoles*, il nous montre un prêtre catholique absurde, un sectaire protestant fouaillé avec verve, un Cartouche assimilé à Ravachol. L'histoire du protestant est amusante. Quant à Cartouche considéré comme précurseur de Ravachol, les considérations auxquelles se livre M. Rebell à son sujet prouvent une fois de plus ce que nous savions déjà : M. Rebell est *dans l'impossibilité absolue de comprendre Ravachol* ; il est également tout à fait incapable de se hausser à une conception de la vie qui lui permette d'envisager ses phénomènes selon la part de philosophie sociale qu'ils comportent. En somme, M. Rebell nous fait l'effet : parfois d'un Malbrouck qui s'en va-t-en guerre de bonne foi contre les idées qui lui déplaisent parfois, en sa qualité de protagoniste des rhapsodies romanes, d'un rhéteur d'Alexandrie dévoyé dans notre siècle. Mais le personnage qu'il évoque le plus souvent est celui d'une douairière grassouillette qui aurait épousé M. Li-Hung-Tchang. Son âme bistournée, pleine de bibeloteries et de kakémonos, cette âme qui se croit perverse et qui n'est que baroque nous amuse. Il jabote gentiment et il écrit très bien.

XIV

DES CRITIQUES

DEPUIS peu, plusieurs critiques se sont manifestés. En voici trois : M. Jean Jullien, qui fit *la Mer*, étudie le théâtre contemporain (1). M. René Doumic, qui ne fit rien du tout, prodigue les salamalecs à tels ronge-papiers issus de l'Ecole Normale et banderille M. Nordau (2). M. de Saint-Auban, qui prononça de beaux plaidoyers, analyse notre état social, le trouve mauvais et réclame un Sauveur (3). — Avant d'exposer la façon dont ces écrivains établissent leurs opinions, je voudrais définir comment, à mon sens, il sied de comprendre le rôle du critique. — Tenter d'ériger la critique comme

---

(1) LE THÉATRE VIVANT, 1 vol. chez V. Stock.
(2) ETUDES SUR LA LITTÉRATURE FRANÇAISE, 1 vol. chez Perrin.
(3) LA VOIX DES CHOSES, 1 vol. chez Pedone.

une sorte de Thémis pesant dans sa balance les mérites des œuvres qu'elle s'avise de juger, poser, au nom d'un *criterium* qu'on tient pour absolu, les principes auxquels ces œuvres auraient dû se conformer, c'est suivre une méthode dogmatique par trop étroite. Ce système sera celui des professionnels de la critique qui, ne produisant pas *effectivement*, se donnent le mandat d'instaurer un idéal-type, un étalon que tous devront, à leur sens, s'efforcer d'imiter. Si l'on se conforme à cette méthode, si l'on se décerne le brevet d'infaillibilité qu'elle comporte, on fera peut-être — en supposant qu'on ait autant de talent que lui — ce que Bossuet fit pour l'histoire universelle dans son *Discours* fameux : on rapportera tout à un *a priori*, on écrira de fort belles phrases — un peu creuses d'ailleurs — et ces phrases, on les pavera d'erreurs matérielles, de jugements absurdes et de sottises transcendantes. Regardant la vie toujours à travers les mêmes vitres unicolores, on perdra le sens de sa variété — on fera une besogne parfaitement stérile.

D'autre part, se proclamer *dilettante*, affirmer qu'on goûte toutes les manifestations de l'art, si différentes qu'elles soient les unes des autres, c'est se reconnaître impuissant. Le dilettante, en effet, n'a pas de tempérament propre, il est uniquement un *réceptif* puisque, trouvant toutes jouissances de pensée chez autrui, il vante son incapacité à faire une sélection, selon ses tendances personnelles, parmi les impressions reçues, puisque, par conséquent, il se dénie, d'un cœur joyeux, toute vertu de créateur. Sa critique aura donc exactement la portée d'un ramage de perroquet plus ou moins bien éduqué.

Enfin, si le critique est en même temps un producteur, s'il s'est fait une conception personnelle, conforme à ses défauts et à ses qualités, de l'art et de la vie, tout en s'efforçant de déterminer les mobiles caractéristiques de l'œuvre qu'il étudie, il aboutira toujours, *sans s'en apercevoir*, à la juger d'après ses sympathies et ses antipathies. Il fera certainement preuve de parti-pris mais il n'aura pas l'arrière-pensée que son parti-pris constitue la seule vérité. Son désir de rester sincère vis-à-vis de lui-même et vis-à-vis des autres fera toute sa valeur. De la sorte, s'il a du talent, il remplira les deux conditions qui donnent de l'intérêt à la critique : il se prouvera original dans ses jugements, il témoignera de sa bonne foi. En somme cela revient à dire que : tant vaut le producteur, tant vaut sa critique. Cet aphorisme n'est pas nouveau, mais il est peut-être nécessaire de le répéter, de loin en loin, ne fut-ce que pour endiguer le fleuve de sottises et d'envieuse médiocrité où barbottent nombre d'intellects littéraires de ce temps.

※

M. Jean Jullien appartient à la troisième catégorie de critiques. Il a une conception du théâtre qu'il exposa au cours de nombreux écrits théoriques et qu'il s'efforça d'avérer dans plusieurs drames.

Considérant l'état d'abaissement dans lequel est tombé notre théâtre, désireux de réagir contre les saltimbanques qui en ont fait, de connivence avec maintes personnalités excrémentielles appartenant au journalisme, un lieu d'exhibitions foraines et bordelières, une école des sentiments bas où l'on caresse la bêtise et la salauderie du public, M. Jullien tenta de faire jouer des œuvres sérieuses et il mena campagne pour la défense de ses idées. Son indépendance, son goût d'un art propre lui valurent d'être traité de grotesque par les gens de « la soirée parisienne » et de se voir mis en interdit auprès des directeurs par de douteuses épluchures du nom de Sarcey, Fouquier etc. Ces personnages effondrés, craignant de perdre toute influence si M. Jullien et tels autres dramaturges parvenaient à s'imposer, n'eurent pas de peine à les faire passer pour des fous malpropres ou pour d'ennuyeux prêcheurs dont il fallait se garder comme d'un aliment indigeste. C'est ainsi qu'Ibsen fut déclaré maniaque, insupportable et nébuleux; c'est ainsi que *la Mer*, une des rares pièces jouées depuis quelques années qui ait une valeur d'art, succomba, malgré un succès réel, aux plaisanteries et aux menaces des peloteurs de fesses cabotines qui affichent la prétention de représenter l'esprit public.... Prétention justifiée d'ailleurs car, comme l'a dit Gavarni: « Ce qu'on appelle l'esprit public, c'est la bêtise de chacun multipliée par la bêtise de tout le monde. »

Le public se laissa faire, retourna docilement aux pornographies, aux niaiseries sentimentales et patriotiques qu'on lui donnait pour décisives. C'est là une des marques les plus significatives de la bassesse d'âme où croupit notre époque. Habituée à suivre d'ignobles pasteurs, incapable de manifester une velléité de compréhension artistique, la Bourgeoisie s'est montrée inapte à favoriser l'éclosion d'un théâtre sain. Elle en est restée aux amusettes avec quoi divers Sardou lui titillent les muqueuses. Quant au peuple, la stupidité des divertissements qu'on lui offre n'a d'égale que l'abrutissement auquel on l'a réduit. Il y a là, dirait-on, un plan concerté. En effet, chaque fois que, par hasard, quelqu'un tenta de lui faire connaître des œuvres fortes, telles que les *Tisserands*, la Gouvernance s'empressa d'interdire toute représentation publique. Il est vrai que l'auteur des *Tisserands* ayant l'audace d'être un Prussien, si jamais on avait tenté de représenter sa pièce, toutes les sociétés de gymnastique et tous les mastroquets de France se seraient levés comme un seul homme pour protester ainsi qu'ils le firent à propos de Wagner. Et le Coppée, antique savate d'où jute le patriotisme, aurait certifié que les couleurs du torchon tricolore pâlissaient.

Les Pauvres ont faim et soif de beauté — on leur fait manger des excréments.

M. Jean Jullien a vérifié par lui-même l'évidence de ces constatations. Aussi dit-il dans sa préface : « Hasarder telles considérations qui ne sortent pas de la boutique — voire de l'arrière-boutique — énoncer tels axiomes esthétiques vieux comme le monde, parler d'art, suffit aujourd'hui pour que vous soyez incontinent signalé comme malfaiteur dangereux ou, ce qui est pire, comme scandinave ! Aussitôt, vous entendez japper à vos chausses une véritable meute : tenanciers et commanditaires louches, amuseurs patentés et chroniqueurs d'affaires, tels échotiers bien parisiens, tels hommes de gros bon sens, enfin toute la séquelle qui encombre à plaisir nos vieilles planches… » Et, plus loin, parlant des faiseurs actuels: « Ceux-là ne cherchent même pas le faux art ou la fausse beauté ; ils ont fondé un théâtre d'affaires qui, comme toutes les entreprises se parant aujourd'hui de ce sous-titre, repose uniquement sur la badauderie des gogos. Aux balivernes menteuses ils ont joint la situation tordante, le mot aphrodisiaque et leurs esthètes décrétèrent que le théâtre ne devait plus être qu'un intermède joyeux entre la table et le lit, facilitant la digestion et préparant aux ébats nocturnes : tout pour le ventre et le bas-ventre. »

Cet art ne plaît point partout. Entre autres exemples, M. Jullien cite le cas de la Comédie-Française lors de son voyage à Vienne. Il donne des traductions de journaux d'où il ressort que les Viennois se gaussèrent largement de ces turlupins et que, s'ils ne sifflèrent pas, ce fut par simple politesse. Cependant le Sarcey, menteur comme tous ses confrères, envoyait au *Temps* des bulletins de victoire triomphaux.

M. Jullien dit encore : « On a prétendu qu'en dénonçant à tous la bassesse et la duperie de ce vilain commerce, je méconnaissais les intérêts du seul, du vrai, du grand public. Qu'il soit plus fructueux de flatter la niaiserie et la paillardise, je n'en doute pas un seul instant. Mais que le devoir du critique soit de réagir contre cette turpitude, d'éclairer la foule, de lui montrer qui la trompe et qui la salit, cela me paraît d'une vérité également incontestable. *Nous devons travailler pour la foule, non avec elle.* » Je m'arrête sur cette dernière phrase parce qu'elle me semble résumer fort bien le rôle de l'art en général. Je pense, en effet, comme M. Jullien, que nos œuvres doivent être faites en vue d'intéresser, d'émouvoir tout le monde. Si, pénétrés de cette vérité, nous donnons des modèles de beauté susceptibles de hausser l'intellect général à une conception plus parfaite de la vie, si nos œuvres *donnent à réfléchir*, nous aurons fait notre devoir. Sinon, nous serons les domestiques de la sottise ou bien nous pourrons prendre place dans ce clan d'avortons qui prône l'art pour l'art et s'épuise solitairement en d'absconses fioritures destinées à surexciter quelques initiés.

Honnête vis-à-vis de soi-même, M. Jullien a éprouvé combien il était peu... pratique de ne pas se conformer aux usages de l'une ou de l'autre caste. Sa franchise lui valut des injures, de mauvais procédés, la déformation de ses dires et le silence parfaitement organisé autour des articles où il tentait de défendre son idéal. Comme toujours, la gent-de-lettres punissait en lui le crime de pensée. Je suppose qu'il s'y attendait. C'est là le lot assuré à quiconque se permet de ne pas agir selon une coterie et d'apporter une note d'art personnelle. Mais voyez l'entêtement ! *Jamais* les efforts des *chers confrères* lésés dans leur commerce, *jamais* la mauvaise foi, l'envie et la rage des exploiteurs d'ineptie et des spécialistes de l'art abscons n'ont empêché l'homme fort de continuer sa besogne et de triompher tôt ou tard — simplement parce qu'il est fort et parce qu'il travaille.

M. Jullien avait donné cette définition : « Une pièce est une tranche de vie mise à la scène avec art. » A cette proposition, ce fut un ouragan de rires, un débordement de plaisanteries. Des critiques influents suffoquèrent. La vieille Sarcey esquissa une danse du ventre. Les *soiristes* prodiguèrent les calembours. Maintes « petites femmes » pâmées contre un portant, demandaient à voir la tranche. Pourtant cette définition, un peu étroite à mon sens, signifiait seulement : l'observation de la vie, qu'on l'envisage d'après des sensations, des sentiments ou des idées, est nécessaire si l'on veut donner une œuvre forte. La valeur de cette œuvre sera en proportion directe de l'art que l'écrivain aura mis à traduire son observation.

Il n'y a vraiment rien de drôlatique là-dedans.

J'ai dit que je trouvais cette définition un peu étroite. Voici pourquoi. En application, M. Jullien considère une pièce de théâtre comme une sorte d'analyse de caractères où les évènements ne seront que les résultantes logiques du heurt des personnages. Pour lui tout ce qui s'écarte du travail de déduction que nécessite son point de vue est inutile. Il conçoit son œuvre comme une sorte de théorème dont l'énoncé contiendrait virtuellement la solution. Et il pousse cette méthode tellement loin qu'il déclare : « Une pièce bien faite doit pouvoir se mimer. » S'il en était ainsi, je crois qu'on trouverait fort peu de pièces bien faites. Il faudrait, entre autres, éliminer presque tout le théâtre de Racine car je défie M. Jullien d'imaginer, par exemple, quelle mimique pourrait nous traduire, dans toutes leurs nuances, la langueur amoureuse de Phèdre ou la jalousie d'Hermione. Ce souci d'exactitude minutieuse, cette préoccupation de la mécanique des pièces caractérise toute la méthode de M. Jullien. Il est un réaliste et ce qu'il recherche dans un drame c'est la notation de la vérité *immédiate*, vérité exprimée autant que possible par des sensations. J'admets volontiers cette méthode. Je crois que, bien maniée, elle permet, par le seul jeu de mouvements d'âme *évidents*, de suggérer des états d'âme profonds — mais je ne la tiens pas pour absolue. Si nous prenons, par exemple, le *Prométhée enchaîné* d'Eschyle, nous verrons qu'il s'écarte fort des principes posés par M. Jullien. Il nous présente, *par la parole et par l'action*, sans se réduire à une analyse des caractères, trois façons principales de comprendre un seul fait. En voici le schéma. 1º Prométhée souffre et il souffre injustement. 2º Il souffre parce qu'il s'est dévoué. 3º Il souffre parce qu'il est l'humanité en révolte contre les fatalités naturelles. Le premier mobile nous intéresse déjà, il nous donne une *sensation* d'horreur et il remue en nous des *sentiments* de pitié d'un ordre très élevé. Le deuxième mobile renforce ces *sentiments* d'admiration pour le dévouement de Prométhée. Le troisième évoque en nous une *idée* de beauté. Et encore un coup, ces trois mobiles nous sont présentés tour à tour par Eschyle dans toute leur intégralité. Il n'est donc pas nécessaire, c'est là où je voulais en venir, de se borner à nous donner, sous prétexte que cela se passe ainsi dans la vie courante, les *amorces* des émotions qu'on veut restituer au spectateur. Parallèlement à ce souci de rendu direct, les réalistes — M. Jullien moins que d'autres — attachent une importance très grande à l'exactitude des détails matériels. Ils croient qu'un décor et des accessoires aussi *réels* que possible contribuent à nous donner plus complètement l'illusion de la vie. Je trouve ces préoccupations un peu puériles; je pense même que les accessoires trop exacts détournent l'attention du spectateur du jeu des passions vers des objets nullement nécessaires au développement du drame et qu'il se préoccupe dès lors de vérifier. Pour moi, il m'est parfaitement égal que dans *As you like it* par exemple, Shakespeare plante de palmiers la forêt des Ardennes et qu'il y promène un lion. Que parmi des décors chimériques, il souffle la vie à des hommes présentés dans leur vérité *essentielle*, je ne lui en demande pas plus. Or il l'a fait

Puis, par goût et par réflexion, j'aime que le Théâtre ne m'évoque pas *directement* la vie. Je lui demande toute la vérité, oui — mais la vérité telle qu'elle peut fleurir dans mon cerveau, selon tous concepts humains, hormis les contingences immédiates, et non telle qu'elle se documente sous mes yeux tous les jours. Aussi je n'admire vraiment comme dramaturges *en France* que Racine et Alfred de Musset. Je ne suis *empoigné à fond* que par eux.

Ces deux poètes incomparables m'ont donné par *Phèdre, Iphigénie, Athalie, Lorenzaccio, Carmosine, On ne badine pas avec l'amour*, une vision de la vie que je n'ai pas retrouvée ailleurs. A côté d'eux, le théâtre du père Hugo m'apparaît gigantesquement absurde (1), l'illustre Dumas un entrepreneur de guignols à thèse, les dramaturges contemporains, bien que plusieurs aient une valeur, des romanciers dévoyés. A l'étranger, il y a Ibsen et Wagner égaux aux plus grands.

Cette préoccupation de vérité directe si prédominante chez les réalistes les conduit à faire peu de cas des vers. Tandis que les poètes reconnaissent, en général, volontiers aux prosateurs une valeur d'art équivalente à la leur, les prosateurs montrent une sorte de méfiance à l'égard des poètes. On dirait que leur incapacité à rendre leurs émotions sous la forme rythmique et musicale propre à la poésie, détermine en eux de la rancune. Beaucoup, d'ailleurs, se sont essayés aux vers et comme cet essai fut pour eux un labeur pénible, comme l'instrument infiniment délicat que constitue le rythme poétique les déçut, ils le disent inférieur, sans plus d'examen. Quant à ceux qui n'ont jamais fait de vers, *ils ne les sentent pas*. C'est, pour eux, une amusette, un bruit agréable et futile auquel il n'y a pas lieu d'accorder grande attention. Malgré son évidente bonne volonté, M. Jean Jullien laisse percer, à maintes reprises, un sentiment analogue. Pour lui, les poètes devraient faire des féeries, se confiner dans le rêve, ne pas tenter le rendu des passions. Et il s'écrie à propos d'une pièce versifiée : « Plus nous nous éloignons de l'alexandrin, plus nous rapprochons de la vie. » Il y a là un malentendu. Je tenterai brièvement de le dissiper. D'abord, par ce fait que tous les peuples, à toutes les époques ont eu une poésie, nous sommes obligés d'admettre que la poésie constitue un moyen d'expression de la vie inhérent à l'espèce. Ensuite, si M. Jullien a voulu dire que la forme même du vers suffisait à dénuer de vie une œuvre d'art, il devra tenir pour inférieures non seulement les tragédies de Racine et beaucoup de comédies de

---

(1) Exception soit faite pour cette comédie du *Théâtre en Liberté : Mangeront ils ?* qui est exquise.

Molière mais encore presque tout le théâtre de Shakespeare, Plaute et Térence chez les latins, Aristophane et les tragiques grecs — bien d'autres. Puis M. Jullien n'est pas sans savoir que les vers latins et grecs s'éloignent beaucoup plus des proses grecque et latine que le vers français ne s'éloigne de la prose française. Or M. Jullien admire Racine, Shakespeare, etc. Il le dit à plusieurs reprises. Est-ce donc *malgré* la forme qu'ils employèrent de préférence qu'il les admire ? Je ne le crois pas. Serait-ce, parce que dans la vie courante on ne parle pas en vers que M. Jullien réprouve ceux-ci ? Mais tout dialogue en prose *bien fait* diffère énormément de la prose des conversations — autant que le vers. M. Jullien, pas plus que tout auteur dramatique sachant son métier, ne s'efforce de calquer des phrases telles quelles, entendues çà et là et de les coordonner en vue d'une exactitude grossière. Ce rôle de phonographe ne pourrait lui convenir. La question se réduit donc à ceci : donner l'impression de la vie par un moyen d'art *conventionnel* qui nous restitue, sous une forme condensée, l'essence d'émotions que la vie nous fournit par fragments. Tout procédé qui nous vaudra cette restitution de la façon la plus frappante est bon. La prose, éminemment analytique, usera d'inductions et de déductions. La poésie, qui est synthèse, usera d'images et de musique. Par ainsi, telles émotions que l'une sera impuissante à traduire, l'autre les rendra dans leur intégralité. Si l'on veut bien admettre, en outre, que la poésie est, *avant tout*, faite pour être déclamée ou chantée, ce qui lui confère une valeur dramatique, que ses ressources rythmiques : temps forts et temps faibles, coupes variées, allitérations, assonances, rimes, etc., la rendent propre à frapper les esprits avec plus d'intensité que ne le fait la prose, on reconnaîtra qu'elle est tout aussi apte à exprimer la vie que n'importe quelle autre forme d'art.

Qu'un prosateur ait à faire un récit, il s'attachera à la description, il notera une foule de détails caractéristiques — il *expliquera*. Le poète, lui, donnera seulement les traits principaux, il réduira la description au *minimum*, il relèvera chaque détail d'une image — il *évoquera*. Je citerai en exemple un fragment de *l'Expiation* du père Hugo. Je choisis à dessein ce poème, parce qu'il est considéré, avec juste raison, comme classique et parce qu'il est un des plus évocatoires que Hugo ait écrit. Bien entendu, je ne parle que d'évocation lyrique car les dires théistes et patriotiques qui pavent d'autre part ce poème me laissent froid.

> *Waterloo ! Waterloo ! Waterloo ! morne plaine !*
> *Comme une onde qui bout dans une urne trop pleine,*
> *Dans ton cirque de bois, de côteaux, de vallons,*
> *La pâle mort mêlait les sombres bataillons.....*
> *O Waterloo ! je pleure et je m'arrête hélas !*
> *Car ces derniers soldats de la dernière guerre*
> *Furent grands ; ils avaient vaincu toute la terre,*
> *Chassé vingt rois, passé les Alpes et le Rhin,*
> *Et leur âme chantait dans les clairons d'airain.*
>
> *Le soir tombait ; la lutte était ardente et noire.*
> *Il avait l'offensive et presque la victoire ;*
> *Il tenait Wellington acculé sur un bois.*
> *Sa lunette à la main, il observait parfois*
> *Le centre du combat, point obscur où tressaille*
> *La mêlée, effroyable et vivante broussaille,*
> *Et parfois l'horizon sombre comme la mer.*
> *Soudain, joyeux, il dit : Grouchy ! — c'était Blücher !*
> *L'espoir changea de camp, le combat changea d'âme,*
> *La mêlée en hurlant grandit comme une flamme,*
> *La batterie anglaise écrasa nos carrés.*
> *La plaine où frissonnaient des drapeaux déchirés*
> *Ne fut plus, dans les cris des mourants qu'on égorge,*
> *Qu'un gouffre flamboyant, rouge comme une forge,*
> *Gouffre où les régiments, comme des pans de murs,*
> *Tombaient, où se couchaient, comme des épis mûrs,*
> *Les hauts tambours-majors aux panaches énormes...*

Cette description est admirable — et *elle est exacte*. Elle va d'un train de foudre et, grâce aux images prodiguées, accumulées — je les ai soulignées — images dont pas une n'est inutile, elle nous évoque en une trentaine de vers une mêlée qu'un prosateur eût mis trois pages au moins à nous raconter....

Je ne sais si M. Jullien admettra mes arguments. Je crains que, comme tous les réalistes, comme M. Zola qui, presque toujours, porta sur les poètes les jugements les plus faux, comme enfin Edmond de Goncourt qui ne nomma nul poète pour son Académie, je crains que M. Jullien ne soit irrémédiablement fermé à la poésie. D'ailleurs, l'indifférence de ces écrivains se comprend jusqu'à un certain point. Le romantisme, au théâtre, fut en général ridicule. Les niaiseries parnassiennes, ses succédanées, font hausser les épaules. Il ne reste donc guère *actuellement* à goûter, dans le théâtre en vers, que telles comédies de Banville et les *Erynnies* de Leconte de l'Isle — et il y a lieu de rire du *Pour la Couronne* de M. Coppée. Mais on ne peut étendre ces restrictions à toute la poésie lyrique de ce temps car maints poèmes nous ont restitué la vie entière soit en raccourci, soit selon tels aspects que la prose eût été totalement inapte à traduire. J'en veux pour unique preuve certains vers de Verlaine d'une psychologie que nul prosateur n'a dépassée — ni peut-être même égalée. Maintenant, il sied de remarquer que l'évolution naturaliste n'a pas produit un *seul* poète de valeur. Etant toute d'analyse, elle ne pouvait pas en produire. Je ne l'en blâme pas; mais je constate. C'est pourquoi je réclame le droit de mettre sur le même rang que les plus belles œuvres en prose maints vers qui m'évoquèrent violemment la beauté. Pour conclure, ces deux-ci de Hugo :

> *Viens : une flûte invisible*
> *Soupire dans les vergers....*

Il me faudrait sans doute quatre pages pour *expliquer* à M. Jullien en quoi ils sont admirables. Je lui dirai seulement mon impression. Je ferme les yeux en me les récitant.... Et je vois se lever un paysage de printemps, rose et gris par la brume matinale. J'entends chanter les flûtes et je découvre les vergers en fleurs... Je ne suis pas le seul à *sentir* ces choses dans ce simple distique. Quant à ceux qui ne les sentent pas — eh! bien, tant pis pour eux.

Ces considérations nous ont fort écarté du *Théâtre vivant*. En terminant, je tiens à dire à M. Jullien que, malgré mes restrictions, je le considère comme un dramaturge de bel espoir. Je me souviens de *la Mer*; je me rappelle combien ce drame si sobre et si poignant me donna l'impression de la fatalité et combien il m'évoqua la rumeur mystérieuse des vagues autour de la plainte humaine. Pour la critique de M. Jullien, elle est d'un homme sincère, probe et informé. Si je suis loin de partager toutes ses opinions, je les estime toujours.

⁎

Les Doumic, cela fait partie de la caste des cuistres. Cela babille, cela jabote, cela se piète — cela se permet d'avoir des opinions. Issus de cette couveuse à pions, l'Ecole Normale, dressés à régenter, incapables de produire une œuvre, ils poussent des cris de chapon devant les mâles qui plantent des enfants à la Muse sans souci des caquetages où se dépensent ces détracteurs patentés de toute originalité. Depuis quelques années, stimulés par la réussite d'un des leurs, un certain Jules Lemaître qui donna une nouvelle impulsion à l'escarpolette du dilettantisme, les cuistres prennent des airs pétulants ; ils font les petits coquins. Supposez un éléphant qui voudrait se balancer sur une toile d'araignée, vous aurez l'image de leurs prétentions. Certains sont frottés d'esprit comme le pain du cantonier est frotté d'ail. Mais quand ils veulent dogmatiser, il font se fendre de rire les murailles mêmes des vieilles Sorbonnes. Ils ont un grand homme : M. Desjardin, omelette aux confitures spiritualistes. Ils ont un admirateur : M. Henry Bérenger — c'est-à-dire personne. Qu'ils naissent à Marseille, à Givet, à Nancy ou à Quimper-Corentin, ils ne peuvent s'empêcher d'être Suisses. Diffusant le parfum helvétique qui flotte autour d'eux, ils sont les confédérés du grisâtre et de l'amorphe. Ils reprochent à Diderot son immoralité, à Benjamin Constant son manque d'énergie, à Chateaubriand sa mélancolie. Ils crachotent autour des mémoires illustres cependant qu'ils se congratulent entre eux. J'ai sous les yeux les élucubrations d'un de ces Doumic. Il vante un tas de personnages sortis de la même coquille que lui. Il les salue, il les exalte comme les piliers de la saine littérature et de la belle langue. Connaissez-vous Debidour, Jeanroy, Stappfer, Lecestre, Descotes, Menos, Godet de Genève ? Non ; et vous ne tenez pas plus à les connaître qu'à approfondir l'actuel Doumic qui célèbre la gloire de ces grands génies, ses émules et maîtres, tout le long de ce papier sépulcral : *la Revue des Deux-Mondes*. Avez-vous davantage cure des opinions de Doumic quand il délaisse un instant tant d'hommes remarquables, pour tenter des jugements sur la littérature vivante ? Pas du tout ! — Les Doumic parlent à tort et à travers, classifient, jordonnent, distribuent des pensums. De temps en temps l'Académie délègue ses Coppée les plus liquéfiés pour leur poser des couronnes sur la tête et pour leur mettre du persil dans les narines. Puis les Doumic disparaissent, se diluent dans le Nul originel qui forma leur Moi clapotant. Et ils sont remplacés par d'autres Doumic qui continuent leur besogne. — Parfois, quand un Doumic essaye de mordre, quelqu'un prend une cravache, lui administre une fessée et le renvoie au poulailler. Les trois abonnés de *la Revue* et les six vieilles dames qui salivent en dégustant les racontars mucilagineux du cuistre pansent ses plaies. Et il n'en est rien de plus.

Après tout, ces hauts dignitaires du royaume de Petdeloup ne nous gênent pas. Ils ont beau promulguer des dogmes et des lois, personne ne les écoute. Laissons-les donc se démener, baver, mentir et vaticiner dans le vide — ne nous acharnons pas sur des fantômes.

***

M. Emile de Saint-Auban s'est révélé naguère comme un avocat de valeur. Ses plaidoyers nourris de faits, conçus selon une dialectique serrée sont très remarquables. Je rappellerai celui qu'il prononça pour l'éditeur Savine lors du procès Numa-Gilly, celui contre un filou du nom de Raynal, ministre de son métier, à propos des Grandes Conventions et celui pour Jean Grave au procès des Trente. Quand M. de Saint-Auban prend la plume, ses qualités semblent l'abandonner. Bien qu'il sache l'art de grouper des documents caractéristiques, bien qu'il en déduise parfois des considérations ingénieuses, il abandonne le plus souvent le terrain des idées pour se livrer à des effusions sentimentales d'un ordre inférieur. Catholique, anti-sémite et patriote, il tient M. Drumont pour un penseur ; il exalte le temps où saint Louis faisait marquer d'un fer rouge les blasphémateurs; il maudit l'Italie triplicieuse et la perfide Albion — le tout selon des arguments assez pauvres.

En ce qui concerne les Juifs, les variations que tente M. de Saint-Auban sur des thèmes déjà connus sont vraiment peu décisives. Toute cette campagne anti-sémite, croisade religieuse, expression des rancunes et des espoirs du catholicisme — quoique ses promoteurs s'en défendent — ne peut guère nous intéresser parce qu'elle tend tout simplement à remplacer le Capital Israélite par le Capital chrétien. Or l'un et l'autre sont bons à précipiter dans le même barathre. C'est ce que M. Bernard Lazare a parfaitement établi dans plusieurs livres et dans une brochure récente (1). — S'adressant à M. Drumont, M. Lazare y dit, entre autres choses excellentes, après avoir établi que les 7/8 des Juifs sont des prolétaires fort misérables : « Croyez-vous que les travailleurs de France, dont le sort vous préoccupe tant, seront plus heureux quand ils seront sous la coupe des industriels qui font patronner leurs établissements par Notre-Dame de l'Usine ? Donnez-moi donc une fois votre avis sur le capital chrétien et dites-moi si, sincèrement, vous ignorez que l'antisémitisme sert uniquement les intérêts des capitalistes catholiques et des petits bourgeois catholiques et que le dernier de ses soucis est précisément le sort du prolétariat. Je ne sortirai pas de là et je saurai prouver une fois encore ce que j'ai si souvent avancé même dans ce livre sur lequel M. Drumont veut faire porter sa polémique : l'antisémitisme est une forme du protectionnisme ; il ne sert que les intérêts d'une fraction de la bourgeoisie. »

M. Drumont mis au pied du mur répondit par des insultes ce qui est plus facile que de trouver des raisons. En effet, comme la plupart des journalistes, M. Drumont n'est qu'un sauteur fort ignorant. Son but est de vendre son papier pour le plus grand bénéfice des porte-soutane qui le commanditent. Les révolutionnaires n'ont pas à faire alliance avec ces condottiere du Capital. Ils s'en gardent, parce que s'ils croient qu'il serait juste, nécessaire, urgent d'accrocher Rotschild à une lanterne, ils croient également qu'il y a lieu de faire subir la même opération à tous les Capitalistes que ceux-ci soient juifs, catholiques, protestants, francs-maçons ou peaux-rouges.

L'émancipation du prolétariat ne sera réelle que quand il concentrera ses efforts pour la reprise de possession totale du bien commun. Si, actuellement, il tâtonne encore, si, par suite d'un atavisme d'obéissance archi-séculaire, il semble se déterminer vers le Dieu-Etat que lui vantent les collectivistes qui seront demain au pouvoir, un jour viendra où libérés, grâce à nos soins

---

(1) Bernard Lazare : *Contre l'Antisémitisme*, 1 brochure chez V. Stock.

ou à ceux de nos successeurs de l'illusion politique, lancés dans la Grève générale, les salariés se donneront la main, par-dessus les frontières, pour chasser tous les Maîtres.

M. de Saint-Auban s'afflige parce que tant de penseurs — que du reste il déclare estimer — combattent à outrance l'idée de Patrie. Pour lui, bien qu'il affirme déplorer les guerres et les ignominies qu'elles suscitent, il demande qu'on ne lui enlève pas ce dernier idéal. Afin de le maintenir, il trouve logique d'accabler d'outrages les malheureux ouvriers italiens qui se ruèrent, à Aigues-Mortes, sur de non moins malheureux ouvriers français pour une question de salaire. Il oublie que si des conflits éclatent à chaque instant entre nos salariés et les salariés *appelés* de l'étranger, la faute en est aux industriels patriotes qui, désireux de diminuer le prix de la main-d'œuvre, suscitent des concurrences mortelles, s'adressent, au détriment de leurs nationaux, à de pauvres diables, chassés de leur pays par la faim et qui travaillent à n'importe quelle condition. M. de Saint Auban devrait savoir que quand il s'agit *d'affaires*, les Bourgeois ne connaissent plus de patrie. Toute l'hypocrisie de la bourgeoisie est là : les Capitalistes feignent de fondre en larmes si l'on touche au drapeau. Mais ils dansent d'allégresse quand les homicides professionnels massacrent des nègres au Dahomey ou à Madagascar. C'est parce qu'ils savent que le drapeau est un fétiche efficace pour le maintien des Pauvres sous leurs suçoirs. C'est parce que les pirateries coloniales leur ouvrent de nouveaux débouchés pour l'écoulement de leurs marchandises.

Puis M. de Saint-Auban n'a pas l'air de se douter que *toutes* les guerres actuelles, même entre Européens, ont des causes économiques. Cela peut se *schématiser* ainsi : « Il y a pléthore, disent les Bourgeois, nous ne pouvons plus écouler nos fers et nos cotons, nos blés et nos soieries. —

— Très bien, répondent ceux de la Gouvernance, nous allons chercher noise à nos voisins afin de leur imposer nos produits. »

Puis la comédie commence. On cherche un prétexte ; on le trouve. On embauche la presse. On bat le grand tam-tam de guerre. On chauffe le peuple. Quand il est suffisamment excité au meurtre, quand il voit rouge, on le lance sur le voisin. Jacques Bonhomme mange le nez de Hans Wurst et réciproquement. Le vainqueur impose au vaincu, en outre du traité politique : cession de territoire, indemnité de guerre etc., un bon traité de commerce qui permet l'écoulement des produits surabondants. Puis on renvoie Jacques Bonhomme et Hans Wurst à l'étable où ils crèvent un peu plus de faim qu'auparavant et les Bourgeois se partagent les bénéfices.

C'est ce que les Allemands ont fait en 1871. *Au point de vue bourgeois*, ils avaient raison puisqu'ils étaient les plus forts. Quant aux Français, qui s'indignèrent contre la maxime de Bismarck : la force prime le droit, ils en auraient fait autant s'ils avaient remporté la victoire.

Libre à M. de Saint Auban d'admirer l'idée de patrie qui détermine ces trafics. Mais qu'il comprenne au moins que les sans-patrie s'élèvent à une conception du bien général de l'espèce un peu plus haute. Ils pensent que l'abolition des frontières, la mise au rancart du militarisme permettront à tous les hommes de se connaître mieux, de se mêler, d'échanger leurs arts, leurs idées et leurs produits librement. Ils pensent aussi que cela serait préférable à la fabrication d'engins de massacre destinés à décimer les inconscients qui se laissent embrigader pour la défense du Capital *sans aucune espèce de profit pour eux-mêmes*.

Ailleurs, M. de Saint-Auban raille la Solidarité. Il lui préfère la Charité. C'est encore là une façon d'envisager les choses qui prouve peu de réflexion. Sous prétexte d'une aventure arrivée jadis en Judée, votre Charité qui achète pour un sou de paradis, qui donne afin d'être récompensée, qui s'inquiète de secourir les gens quand ils sont éclopés par un travail meurtrier, qui fonde des hôpitaux où puissent se conserver et se reproduire les dégénérés, les idiots, les scrofuleux et les phtisiques, qui laisse fort bien les jeunes gens s'atrophier le moral et s'empoisonner le physique à l'armée, votre Charité n'est que l'expression de la peur. Au contraire, la Solidarité vise à modifier le milieu, à le rendre propre au développement sain de tous. Elle est préventive et cela, non par des raisons de sentiment ou parce qu'on la recommande au nom d'un Bon-Dieu quelconque, mais parce qu'il est de l'intérêt commun que chacun ait *le droit absolu* de satisfaire, *avant tout* ses besoins immédiats sans que personne intervienne pour la répartition des biens... Ceux de la Charité disent

« Donnons de notre superflu, nous en serons récompensés. » Ceux de la Solidarité disent : « Nous ne voulons rien posséder que les autres ne possèdent également. »

En somme, M. de Saint-Auban, muré dans son catholicisme, l'esprit encombré d'une foule de préjugés sentimentaux, ne comprend peut-être pas cette conception purement humaine de la solidarité. Cela est regrettable, d'autant plus que, comme tous ceux qui, même de bonne foi, tentent de récrépir l'édifice social croulant sous nos coups, il n'oppose à nos constatations que des regrets vers le Moyen-Age, des jérémiades touchant la juiverie, des appels à un Sauveur muni d'un grand sabre — ce qui est d'une mentalité inférieure.

Par ailleurs son livre contient de belles pages sur Wagner, des notations de nature très fines et des passages d'ironie assez incisifs. Mais il ne nous *prouve* pas, par arguments probants, que nous avons tort de haïr la patrie, de mépriser la Charité et de faire peu de cas de l'antisémitisme.

Or nous avons *trop* raison. C'est pourquoi il ne reste plus guère qu'à nous fusiller... Les politiciens du socialisme parlementaire y songent sérieusement. Les bourgeois, eux, rêvent de guillotine. Voici ce qu'insinua naguère un M. Gabriel Tarde (1) homme doux : « Nous persistons à appliquer notre dogme de la personnalité des fautes. Nous punissons les anarchistes en détail, individuellement, relâchant ceux qui tout en adhérant à la secte n'ont encore commis ni attentat ni apologie publique des attentats. *L'idée d'incriminer et d'envoyer à l'échafaud des anarchistes inoffensifs, au lendemain d'une explosion dont l'auteur n'est pas découvert, ne vient à personne.* Personne même ne remarque ce que cette conduite a de généreux — et aussi d'anormal... »

Voilà une idée admirable... Seulement, il y a bien plus d'Anarchistes que M. Tarde ne se le figure ; si l'on tentait de mettre sa proposition en pratique, la foudre pourrait bien éclater...

Et c'est ce dont les Bourgeois ont peur.

---

(1) Dans les *Archives d'Anthropologie criminelle* du 15 Mai 1894.

XV

ESTHÉTIQUES DIVERGENTES

E connais un jeune homme singulier. Il se dit poète ; et il annonce, depuis plusieurs années, des poèmes lyriques faits pour reléguer dans l'ombre la plus opaque toute la production littéraire de notre temps. Mais, durant les nombreux loisirs que lui laisse l'élaboration de ces rares merveilles, il applique ses facultés à la recherche des causes qui motivent, selon lui, les articles de polémique, ou d'esthétique de ses confrères. Un penchant bizarre le porte, en effet, à ne jamais admettre le désintéressement. Qu'un écrivain puisse se passionner pour la défense de ses propres idées ou pour l'attaque des idées d'autrui, hormis toutes contingences de vie courante, cela lui paraît monstrueux, presque risible. Aussi toute sa perspicacité

s'emploie-t-elle à démêler quelles rancunes, quelles convoitises, quelles raisons commerciales ou personnelles déterminent un écrivain à soutenir telle opinion plutôt que telle autre. Lorsque il croit avoir découvert le mobile — toujours bas s'affirme-t-il — d'une critique ou d'un éloge, il triomphe.

Il colporte ses inductions de cénacle en chapelle. Il y trouve ainsi qu'il sied, des oreilles complaisantes; et les phantasmes qu'il échafaude, les insinuations qu'il glisse ne tardent guère à être répétés, comme ingénieux et vraisemblables, par les Sots toujours nombreux en ces endroits, par les Malins, enchantés de nuire à un rival et aussi plus innocemment peut-être, par les Mous, dépourvus de personnalité, qui traversent la littérature le chapeau à la main, l'échine circonflexe en répétant avec le Sosie d'*Amphitryon* :

Messieurs, ami de tout le monde...

Ce jeune homme, un symbole si l'on veut, je le baptiserais volontiers le petit fils de Tribulat Bonhomet. — Je crois bien lui avoir donné de l'occupation par mes dires touchant l'œuvre et les théories de M. Mallarmé. Grâce à lui, dans les serres froides où la mise à plat ventre sans discussion devant ce cher Maître est de rigueur, force personnes feignent de tenir pour avéré que seul mon goût passionné de la réclame, mon désir aveugle de me singulariser m'ont poussé à combattre une esthétique que je considère comme néfaste, des vers et des proses que je juge incorrects. Les insultes déguisées et les blâmes sentimentaux qui résultèrent de ce point de vue ne me touchent pas beaucoup. Bien plus, je suis obligé de constater que *personne* n'a trouvé un argument à opposer à mon analyse purement technique des tendances de M. Mallarmé. Il aurait fallu, pour me réfuter, prouver que les poèmes démontés par moi étaient fort clairs, parfaitement conformes au génie de la langue, agencés d'une sorte impeccable, que les images s'y succédaient logiquement, que la suppression de tous les termes de comparaison constituait une trouvaille sublime. Il aurait fallu démontrer aussi que les phrases citées et disséquées dans mon article étaient d'une correction parfaite et d'une syntaxe impeccable, que là où j'avais cru découvrir des banalités dissimulées sous les tortillements de

style les plus stupéfiants gisaient d'incomparables mystères....
Rien de tel n'a eu lieu. Les uns se retirèrent, en se voilant la
face, dans la Tour d'ivoire. D'autres, de bonne foi et poliment
d'ailleurs, m'ont reproché d'attenter à la liberté individuelle. Ils
oublièrent, semble-t-il, que si la liberté individuelle autorise M.
Mallarmé à écrire comme il lui plaît, elle me confère également
le droit de ne pas goûter sa méthode et de le dire. D'autres encore comme je l'avais prévu dans une note de mon article, ont
déclaré qu'ils admiraient les premiers poèmes de M. Mallarmé
et se sont tus quant aux œuvres subséquentes. Je suis d'accord
avec eux dans ce sens que je n'ai *jamais* attaqué les vers et les
proses où l'on peut démêler la pensée de M. Mallarmé et où cet
écrivain n'use pas d'une syntaxe exclusivement personnelle.
Comme eux encore, j'en aime assez la forme ; — sans en goûter
du reste l'esprit, mais j'estime qu'il y a de leur part un manque
de bravoure à scinder l'œuvre d'un poète qu'ils persistent à déclarer incomparable d'après ses seules œuvres de jeunesse sans
tenir compte du galimatias où il chût définitivement. Quelques-
uns m'ont écrit, comme en tapinois, réclamant un surplus d'in-
formations et tremblant de leur audace. Qu'ils se rassurent : je ne
les nommerai pas. Plusieurs laquais de lettres, plus ou moins
soudoyés, m'ont injurié — passons. Enfin M. Vielé Griffin, après
avoir d'abord déclaré que mon article était attristant a fini, toutes
réflexions faites, par lui décerner la qualification de *frénétique*
comme plus congruente à mon sacrilège (1). — Attristant? Et en
quoi? L'admiration à l'égard de M. Mallarmé constitue-t-elle,
dans l'esprit de M. Vielé Griffin, un dogme tellement sacré qu'il
ne puisse admettre, sans chagrin qu'on ne la partage pas ? Peut-
être, et la chose est plus vraisemblable, s'attrista-t-il à cause de
cette proposition émise par lui, relevée par moi : « Mallarmé
intensifie la syllepse auguste du *Satyre* de Hugo » parce qu'elle est
dénuée de sens. Mais qu'y puis-je faire ? Quant à l'accusation de
frénésie elle est un peu baroque. L'impression produite par mes
arguments sur les esprits de bonne foi et sur ceux que nulle *lâtrie*
n'obscurcit fut toute de logique tranquille. Nombre de témoigna-
ges reçus par moi de notes publiées par mes amis me prouvent

---

(1) *Mercure de France*, Nos de Juillet et de Septembre.

que cet article, préparé pendant trois mois, écrit avec réflexion et avec le souci de persuader et non de crier fort, a fait impression par sa froideur même et par l'enchaînement des critiques que j'y développai. Je ne me targue pas de ces approbations pour me décerner des palmes triomphales. Mais comme elles m'ont confirmé que ma conviction trouvait de l'écho parmi nos cadets et qu'un revirement avait lieu même chez beaucoup qui furent plus surpris que convaincus par les affirmations violentes des partisans de M. Mallarmé, j'ai le droit de prétendre que mes dires ont porté dans le sens où je voulais qu'ils portassent.

Pour les admirateurs quand même, pour ceux qui adorent aveuglément le génie mallarméen sans admettre qu'on le discute, je ne m'adressais pas à eux. Je ne comptais pas non plus amener à résipiscence les Habiles, encore assez nombreux, qui célèbrent ostensiblement le culte tout en se gaussant *in petto* de l'idole. Je sais que cette vérité proclamée par moi : M. Mallarmé a déformé la langue ; son influence fut déplorable, vient à son heure. Si je m'étais tû, un autre aurait parlé — fatalement car la réaction se dessine de plus en plus contre ce moment d'aberration littéraire. Aussi, je le répète, *avant dix ans* l'œuvre de M. Mallarmé sera-t-elle tenue pour ce qu'elle est réellement : l'expression de l'extrême décadence d'une période d'art, une curiosité de bibliothèque intéressante seulement pour quelques glossateurs.

Cela est aussi sûr que la terre tourne !

Je n'éprouve, est-il besoin de le dire, aucun sentiment d'animosité personnelle contre M. Mallarmé ; je n'ai eu qu'à me louer de mes rapports déjà anciens avec lui ; je le considère comme le plus galant homme du monde mais l'écrivain en lui m'apparaît désastreux et j'ai cru de mon devoir de le démontrer. J'insiste sur ce point puisque ses défenseurs ne cessent de vanter, avec une persistance presque désobligeante pour lui, son extrême courtoisie. On croirait, à les ouïr, que cette qualité *privée* constitue la plus grande part de sa valeur littéraire. Elle est sans doute fort louable mais j'aimerais mieux autre chose. — M. Mallarmé serait un malotru et il écrirait en bon français je lui en saurais plus de gré. Or, depuis plusieurs années, ses publications constituent des outrages constants à la langue. Quant à son esthétique, on sait à quel point elle est contre-nature. Comment en irait-il autrement ? Pour M. Mallarmé, les mots, *au-dessus de leur signification*, possèdent une vertu musicale intrinsèque qui permet de les agglomérer afin d'obtenir des sonorités auxquelles, par un phénomène d'auto-suggestion singulier, il découvre un sens littéraire. Ce sont, en quelque sorte, les instruments d'un orchestre destiné, selon son expression, à produire un « nuage précieux flottant sur l'intime gouffre de chaque pensée. » Puis il ajoute : « Je sais qu'on veut à la Musique limiter le mystère, quand l'écrit y prétend. » Et plus loin : « Les mots d'eux-mêmes s'exaltent (1) à mainte facette produite la plus rare ou valant pour l'esprit, centre du suspens vibratoire, qui les perçoit indépendamment de la suite ordinaire, projetés comme en parois de grotte tant que dure la mobilité. »

Ces phrases nébuleuses signifient, si je ne me trompe : 1º Que le rôle des mots consiste à voiler la pensée. 2º Que la littérature a le droit d'empiéter sur le domaine de la musique. 3º Que les mots, par suite d'un don spécial, peuvent émouvoir l'esprit par leur seule sonorité sans qu'il y ait lieu de s'occuper de leur agencement grammatical. Sur quoi, M. Mallarmé, mettant un moment de côté sa politesse légendaire, traite de « camelots » ceux qui ne s'ébahissent pas devant ces transcendantes découvertes.

Je ne sais si je suis un « camelot » mais je crois que les mots sont destinés à exposer la pensée de l'écrivain, le plus *évidemment* possible dans toutes ses nuances. Les mots, je les comparerais volontiers à des vitres diaphanes à travers lesquelles doit apparaître nettement l'âme de celui qui les emploie. Leur sonorité peut certes concourir, surtout en poésie, à marquer un rythme mais ce n'est là qu'une qualité de facture qui ne doit en aucun cas entraver leur fonction principale. Je crois encore que la littérature et la musique sont deux arts fort différents l'un de l'autre qui peuvent s'allier parfois mais qui ne sauraient se confondre sous peine de charivari.

En effet la musique sans paroles n'éveille en nous que des sensations vagues. Si nous voulons décrire les tableaux qu'elle nous

---

(1) Cette impulsion spontanée est vraiment extraordinaire !

évoque, nous sommes obligés de nous servir de mots. Et les mots faussent en la précisant l'émotion qui nous suggéra ces tableaux. Tenter de produire, par des moyens littéraires une impression analogue à celle produite par la musique, c'est entreprendre une tâche impossible. Car si la musique est dans son rôle en ne précisant pas les émotions qu'elle nous vaut, si une symphonie, par exemple, évoque à l'un une bataille et à l'autre un paysage, la littérature ne peut empiéter sur ce domaine sans devenir une sorte de monstre informe dépourvu de signification. Il est nécessaire qu'un poème nous expose nettement le sujet choisi par le poète sinon il y a équivoque, une glose devient nécessaire et cette glose même n'élucide souvent rien du tout. C'est ce qui arrive pour les vers à sens multiples de M. Mallarmé. Cette confusion d'un art avec un autre, cette hypertrophie du sens des correspondances se retrouvent dans toutes les décadences. Elles en sont le signe même.

La préoccupation que montre M. Mallarmé d'obtenir des effets musicaux l'a conduit, malgré tout ce qu'on pourra dire, à se créer une syntaxe personnelle, contraire au génie même de la langue. Chez lui triomphent les constructions de phrases vicieuses, les impropriétés de terme et surtout les amphibologies. De tous les écrivains français, depuis qu'il y a une langue française, il est le premier qui ait agi de la sorte. C'est une gloire si l'on veut. Pour moi je ne la prise guère croyant que les lois qui régissent la syntaxe sont semblables à celles qui régissent l'évolution de tous les organismes. Cela, maints physiologistes, Haeckel entre autres, l'ont admirablement démontré. Celui qui oublie que la littérature a pour fonction de nous exprimer clairement les états d'âme les plus complexes et les plus cachés de l'écrivain, celui qui, sous couleur de mystère, viole les lois naturelles de son art, pourra produire, momentanément un effet de curiosité, il sera peut-être à la mode dans un groupe de littérateurs, la vraie gloire ne lui viendra jamais.

Si encore ce mystère duquel se réclame M. Mallarmé existait réellement chez lui, si ses écrits nous révélaient, sous leur opacité, des profondeurs d'âme extraordinaires, des vérités humaines, on pourrait, jusqu'à un certain point, admettre son parti-pris d'obscurité. Mais il n'en va pas ainsi. Quand après beaucoup d'efforts on réussit à pénétrer le sens de ses phrases, on découvre qu'elles ne dissimulent que des aphorismes faux ou des assertions banales à moins qu'elles n'instaurent des paradoxes dénués même de vraisemblance. Une fois dans sa vie, M. Mallarmé nous a donné la sensation du mystère, c'est dans le magnifique *fragment d'Hérodiade*. Là, il fut vraiment évocateur. Mais aussi ce fragment est bien écrit. On n'y trouve aucun de ces contournements arbitraires qui rendent chaotiques ses derniers poèmes. L'expression est quasi classique....

A coup sûr, le mystère nous presse de toutes parts ; nous ne savons à peu près rien et souvent nous sommes réduits à *deviner* les énigmes que la vie nous propose. N'y a-t-il pas folie à compliquer encore ce mystère d'artifice ? Est-ce ainsi que procède Villiers de l'Isle Adam lorsque il écrit *Véra*, *l'Intersigne* ou les derniers chapitres de *l'Eve future* ? Nullement : en une langue d'une précision inouïe, il nous évoque la nuit, la mort et les fantômes. — C'est à force de clarté littéraire qu'il parvient à faire vivre pour nous l'âme des choses obscures. Il connut le mystère. — M. Mallarmé ne connait que l'amphigouri.

**

« Qu'importe, après tout, que M. Mallarmé soit le pasteur des verbes troubles, le grand prêtre de l'artificiel ? Qu'importe qu'il ait poussé aux derniers égarements l'empirisme parnassien ? Qu'importe même que plusieurs se tournent vers ce crépuscule d'hiver comme vers l'aube d'un printemps d'art ? Nous marchons, cela suffit. » Ainsi parlent des gens.

Je ne crois pas qu'ils aient raison. Je vois, en ce moment, se produire une scission définitive entre ceux qui se réclament encore du passé littéraire et ceux qui regardent en avant. Cette scission il faut l'affirmer.

Certes, l'effort tenté par notre génération pour la conquête d'un idéal nouveau fut prodigieux. Des résultats sont acquis dont nous avons le droit d'être fiers. Nous avons créé une forme d'art imprévue : ce vers libre par qui peuvent s'exprimer sans entraves tous les tempéraments. Il est l'apogée du mode lyrique, un instrument incomparable auquel nous devons de beaux livres (1). La malveillance, les mensonges et les huées des cuistres, les quolibets de vieux rhapsodes effondrés dans le journalisme ne prévaudront point contre cette œuvre collective. Et c'est chez nous, dans nos revues que les hommes futurs rechercheront, trouveront les bons poètes de notre temps. Alors que la démocratie a tout abaissé, alors que les bourgeois prépotents en haine de l'idée, exaltent le ventre, rien que le ventre, alors que leurs valets de la presse étouffent toute œuvre haute, nous avons maintenu la recherche désintéressée du beau. Le troupeau des électeurs et des élus, la cohue des coprolâtres, les marchands de mensonges nous tiennent en mépris ? — C'est notre gloire et le signe de notre force... Cela sera reconnu un jour.

Mais voici que fatigués, ou effrayés, ou désireux de satisfactions immédiates, certains s'arrêtent, regardent en arrière et se détournent de leurs frères. Oubliant que notre vers libre a pour seule raison d'être l'interprétation de *toutes les formes de la vie quelles qu'elles soient*, ils retombent aux errements anciens. Ils proposent des restrictions; la manie des entités les reprend et ils voudraient, dirait-on, nous faire rétrograder vers ce marécage d'où nous nous étions évadés : l'art pour l'art. Un des meilleurs poètes de sa génération, M. Francis Vielé-Griffin, en grand peur d'un didactisme que personne ne songe à instaurer, nous offre le culte d'une idole vague tantôt éparse aux harmonies cosmiques tantôt recluse en « un lieu de solitude poignante où la joie et la douleur chantent d'accord l'hymne de la Beauté intangible dont nul n'a encore baisé la bouche. »

Eh bien non ! la Beauté n'est point là. Je nie cette « solitude poignante ». J'ignore cette déesse mystérieuse dont nul n'a encore baisé la bouche. La Beauté, elle est multiforme comme la vie. Tout fait humain la comporte. Tous les jours, pour tous les yeux, pour toutes les lèvres, elle est visible et tangible. Aussi évidente que le soleil, elle éclaire tous nos chemins et *notre* terre nous l'offre intégrale. Qu'un poète, par quelque moyen que ce soit, usant de tel sujet qu'il lui plait me prouve qu'il l'a rencontrée, je le salue....

---

(1) Entre autres, *la Chevauchée d'Yeldis* et *les Villages illusoires*.

ESTHÉTIQUES DIVERGENTES

Si l'influence détestable de M. Mallarmé n'avait pas troublé maintes cervelles, si cet écrivain n'avait persuadé à trop de poètes qu'ils sont les sacerdotes d'un art ésotérique semant leurs vaticinations dans le vide et dans la nuit, nous serions tous d'accord et nul ne songerait à se poser en stylite hautain.

Il faut donc applaudir quiconque s'insurge, au nom de la nature panthée, contre l'art grelottant des solitudes et contre l'artifice. Récemment M. Le Blond l'a fait — c'est pourquoi je l'aime et je l'estime. Je l'approuve quand il constate combien la folie de la forme, l'art pour l'art et le goût de l'anormal perdirent d'écrivains de notre génération. (1)

M. Vielé Griffin découvre dans les déclarations de ce jeune homme un manque de solidarité. Il a tort pour deux raisons. D'abord la solidarité ne fit jamais défaut à M. Vielé Griffin. Il lui doit beaucoup ; et il ne l'exerça pas toujours, comme il l'aurait pu, à l'égard de ses confrères. Ensuite, du moment que M. Le Blond se réclame d'une esthétique qui, en effet, n'a rien de commun avec celle professée par la plupart de ses aînés, il a le droit absolu de la proclamer envers et contre tous. Il est dès lors puéril de lui reprocher ses critiques à l'encontre de M. de Régnier dont l'art élégant et froid ne peut que le choquer. Il est non moins puéril de lui interdire, sous prétexte qu'il est « du même bateau » que nous, de s'émanciper. Quand un individu éprouve le besoin d'affirmer sa personnalité, de telles considérations sentimentales ne doivent pas le retenir. — Pour moi, je sais gré à M. Le Blond de l'avoir compris. Je sais gré aussi à son ami M. Saint Georges de Bouhélier d'avoir écrit ceci : « Rien n'est admirable hors de la nature. » Je crois que ces jeunes gens sont dans le vrai. Je crois qu'ils nous donneront de belles œuvres. Si je n'admets pas toutes leurs propositions, essentiellement je sympathise assez souvent avec eux.

La situation est donc très nette. D'une part il y a ceux que le christianisme empoisonne encore sous la forme bâtarde d'un spiritualisme trouble. L'amour du rêve infécond, le dédain de la vie,

---

(1) *Documents sur le Naturisme : Le droit à la Jeunesse*, No d'août 1896.

la haine de la science et des réalités les entraînent dans la nuit — ils y périront.

D'autre part, ceux qui reviennent à la nature, ceux que le Grand Pan possède marchent dans la lumière. Robustes et sains, ils ne sont plus des gens de lettres : ils sont l'homme intégral — l'avenir leur appartient.

XVI

POÈMES

Paul Verlaine : *Invectives* (1 vol. chez Vanier). — M. Léon Riotor : *Le Sage Empereur* (1 vol. *Mercure de France*). — M. Yves Berthou : *Les Fontaines miraculeuses* (1 vol. chez Lemerre). — M. Fernand Hauser : *Le Château des Rêves* (1 vol. chez Vanier). — M. Louis Fabulet : *La Crise* (1 vol. chez Charles). — M. Albert Dautel : *Les Avrils* (1 vol. chez Ollendorff). — M. Jean Baslin : *Le vain Exode* (1 vol. chez Fischbacher). — M. Léopold Selme : *Déroute* (1 vol. à *la Plume*) — M. Louis Raymond : *Le livre d'heures du Souvenir* (1 vol. à *la Plume*). — M. Paul Garnier : *Mélopées lointaines* (1 vol. édition de l'Idée). — M. Abel Letalle : *Les Libellules* (1 vol. chez Savine). — M. Charles Ténib : *Les Amours errantes* (1 vol. Bibliothèque artistique et littéraire). — M. Georges Rency : *Vie* (1 vol. chez Lacomblez, Bruxelles). — M. Maurice du Plessys : *Études Lyriques* (1 vol. Bibliothèque artistique et littéraire). — M. Emmanuel Signoret : *Vers dorés* (1 vol. Bibliothèque artistique et littéraire).

Grattez la pellicule de civilisation qui recouvre l'âme humaine, vous retrouverez tout de suite, à peine modifié, le singe avide et féroce que fut notre ancêtre. Lorsque les hommes ne se massacrent pas à tort et à travers sous couleur de patrie, ils emploient leur subtilité à se voler les uns les autres sous prétexte de propriété. L'autorité préside avec ses pieds léchés, c'est-à-dire que

les plus malins profitent des querelles et des rapines du grand'
nombre pour se faire adorer et pour jouir d'une vie fainéante
revêtus d'oripeaux voyants. Aujourd'hui, ils se décrètent volontiers gens de progrès. Cette dernière qualification a fait fortune.
Grâce au progrès — fétiche grossier dont s'ébahit le troupeau
des gouvernés — la Médiocratie triomphante s'étale à loisir et,
parmi l'applaudissement général, peut enfin donner librement
carrière à sa haine de la Beauté.

En tant qu'hommes, les poètes sont, en général, tout aussi
méchants que quiconque. L'envie prend même chez eux des
proportions presque grandioses... Mais ils aiment la Beauté.
Tous, les plus infirmes comme les plus robustes, se retrouvent
solidaires, se sentent touchés lorsque quelque porte-clairon de la
renommée bourgeoise s'efforce de jeter une pelletée d'immondices sur celui d'entre eux qu'ils reconnurent génial. Pourvu que
celui-ci soit mort, les défenseurs lui arrivent de tous côtés.

Ainsi, Verlaine fut magnifié à l'encontre des personnages qui
s'autorisèrent de la spéculation tentée par un éditeur sans scupules avec ce recueil d'enfantillages : *Invectives* pour crachoter sur
le plus grand poète de la fin du XIX⁰ siècle. Un Fouquier se
distingua particulièrement. Il aurait dû se taire, retenu par cette
considération : que les *Invectives* lui fournissaient une chance
unique d'occuper la postérité. En effet, sans les vers de Verlaine, qui s'inquiéterait de s'informer, vingt minutes après son décès, si Fouquier a existé ? Verlaine en lui faisant l'honneur de
l'injurier lui a rendu service. Il est surprenant qu'il ne s'en soit
pas aperçu.

Les *Invectives* ne diminuent en rien Verlaine. Depuis plusieurs
années il se survivait. Ce ne sont pas les bribes et les rognures
de tiroir recueillies par un commerçant imbécile qui peuvent ternir la gloire de l'auteur de *Sagesse* et d'*Amour*. Cela, tout le monde le sait. Mais il faut bien que les journalistes jabotent (1) !...
Au surplus, *Invectives* et la polémique entamée autour de ce
livre nous ont valu le plaisir de vérifier une fois de plus la façon
dont les marchands de notoriété en usent à l'égard des poètes.

---

(1) Exception soit faite pour M. Lepelletier qui défendit noblement
Verlaine.

N'est-il pas extraordinaire ce cuistre Gaston Deschamps qui cite, comme un des chefs-d'œuvre de Verlaine, un poème, d'ailleurs charmant, de M. Fernand Gregh ? Et le sieur Gidel, universitaire, qui attribue au pauvre Lélian le *Traité du verbe* de M. René Ghil ?

Ces gens-là s'étonnent parfois du mépris que nous leur témoignons. Ils ne s'informent même pas ; ils mentent au petit bonheur de leurs crises de foie ; ils s'exclament lorsqu'on relève leurs âneries et ils crient à la cruauté, au manque de respect quand on les fouaille. — Passons !...

Voici des poètes en tas. Je leur dirais volontiers : Usez de n'importe quel rythme, exposez-nous vos chagrins et vos joies, érigez des symboles si cela vous plaît, acclamez et mettez en pratique les paroles qu'Aristophane prête à Eschyle dans *les Grenouilles*: « Dès l'origine, le poète illustre a servi les hommes. « Orphée a enseigné l'horreur du meurtre, Musée les oracles et « la médecine, Hésiode l'agriculture et ce divin Homère l'héroïs- « me. Et moi, après Homère, j'ai chanté Patrocle et Teucer au « cœur de lion afin que chaque citoyen tâche de ressembler aux « grands hommes. » Si un tel rôle vous ennuie, tentez le drame multiforme. Deux seules choses sont à éviter. Le juchement au sommet d'une Tour d'ivoire d'où l'on clame stérilement vers le ciel les nostalgies de sa belle âme méconnue et la fabrication de poèmes pour cérémonies officielles.

L'exemple déplorable que viennent de nous donner MM. Coppée et de Hérédia doit nous détourner de cet ordre de productions. Leur enthousiasme à l'égard du Nicolas des Kalmoucks s'est résolu en des vers d'une platitude vraiment lugubre. De la part de M. Coppée il n'y a là rien qui puisse étonner ; la platitude constitue l'état naturel de ce moraliste né des amours d'un concierge de Vaugirard avec une cantinière de la garde nationale. Que l'érotisme de M. Pierre Louys ressuscite l'âme de sa défunte braguette ou que l'épicier du coin lui confie ses mélancolies, il est essentiellement, fatidiquement, éternellement plat. Mais M. de Hérédia nous avait habitués à plus de tenue. Il faut admettre enfin que le patriotisme, sentiment bas, ne peut produire que des bassesses peu littéraires. MM. Coppée et de Hérédia posèrent les termes du problème soulevé par cette dernière proposition, MM. Claretie et Prudhomme firent la preuve.

Donc poètes, soyez des hommes libres et non de bons citoyens ou des anges exilés ; ayez, en outre, beaucoup de talent, voire même à l'occasion un peu de génie, on ne vous en demande pas davantage.

Je suis très persuadé que MM. Riotor, Berthou, Hauser, Fabulet, Dautel, Baslin, Selme, Raymond, Garnier, Letalle, Ténib ont fait loyalement tous leurs efforts pour remplir de telles conditions. Ils peuvent intéresser et même émouvoir. Je reprocherai toutefois à M. Riotor sa haine sauvage à l'encontre des majuscules initiales et aux autres écrivains ci-dessus mentionnés leur propension à suivre des chemins déjà un peu battus. Ces minimes réserves faites, j'affirme que tous sont extrêmement remarquables.

M. Georges Rency brode de fines variations sur un thème d'amour délicat et frêle. Ce sont des paroles à mi-voix chuchotées parmi des paysages lunaires où s'épanouit l'enchantement printanier des fleurs. Je goûte fort ces vers dont voici quelques-uns :

Etre assis

Etre assis, dans les bras l'un de l'autre, ce soir
Et regarder au loin, sans voir, l'âme enivrée ;
Sentir autour de soi tomber la nuit sacrée
Avec ses rires clairs d'astres et son espoir ;

Ne penser à personne et pas même à soi-même,
Sachant que l'on est peu devant l'immensité ;
Comprendre l'harmonie et savoir la beauté
Et parfois murmurer un timide : « Je t'aime ».

Silences aux lointains ; tout près de nous, murmures
De la petite vie énorme des buissons,
Calme vertigineux d'un ciel tout en frissons,
Et douceur, et douceur de lune en les verdures !...

Réserves faites sur cette *petite vie énorme*, antithèse fâcheuse, ces vers sont d'un sentiment exquis. Je crois que M. Rency est un très bon poète.

L'école romane fit naguère beaucoup de tapage. Son influence n'en reste pas moins absolument nulle sur l'évolution littéraire contemporaine. A coup sûr, les deux ou trois poètes qui la constituent savent leur métier : M. Moréas est un rhéteur remarquable, M. de la Tailhède a de la grandiloquence et M. du Plessys coud très bien ensemble maints centons de la pléiade. Pourtant, enlevez la date de leurs livres, ils vous donnent l'impression d'être nés vers la fin du XVIII° siècle. Comme M. de Souza l'a très bien dit, cette poésie, quintessence de bibliothèques, s'apparente aux effusions des Millevoye, des Ecouchard Lebrun et autres sous-classiques.

M. du Plessys et ses collègues croient fermement descendre d'André Chénier. Cette illusion est inoffensive aussi bien que leur amour de l'apocope et leur manie de déguiser Calliope en Callioupe.

Des poètes de la génération qui suit la nôtre, M. Signoret est peut-être le plus magnifiquement doué au point de vue du lyrisme. C'est pourquoi il faut lui pardonner l'hypertrophie de sa vanité. Il faut même lui laisser dire que ses premiers vers « étaient plutôt sublimes que beaux » et comparer M. Golberg, esprit sagace, à Isaïe. Ces enfantillages n'ont pas d'importance au regard des poèmes souvent admirables que ce jeune homme écrivit. Je crois que, s'il ne s'égare, on peut attendre de lui des œuvres panthéistes d'une incomparable beauté car dans les vers qu'il nous donna déjà il y a bien plus qu'une promesse. Ceux-ci :

BUCOLIQUE

O toi qui me berças sous la vigne et les ormes
Et qui gonflas mon cœur de ce sang radieux,
Je t'inscrirai vivant en d'immortelles formes,
Mes vers auront la force et l'éclat de tes yeux.

O mon père, le pré blanchi de fleurs brillantes,
Les épis parfumés du blé substantiel
Viennent, sous le soleil, baiser tes mains vaillantes.
— Tes calmes gerbes d'or ombrageront le ciel !

Sais-tu que ton regard auguste a la jeunesse
Des soleils printaniers quand soudain tu souris ?
— Pour qu'un cœur de héros dans ma poitrine naisse,
Enfant tu me guidais vers les lilas fleuris.

Quand les bouviers brunis sous leurs chemises blanches
M'apportaient un beau lys tombé sur les sillons,
Une cigale chaude et vibrant sur les branches,
Des roses, des oiseaux, des fruits ou des grillons,

Tu souriais d'orgueil !... Ah ! souris plus encore
Et longtemps vois jaunir et refleurir les bois ;
Sois fier ! sur le luth d'or et la flûte sonore
Toute ta race chante avec de belles voix.

Quel emportement de vie dans ces beaux vers ! Et déjà quelle maîtrise des formes. En voici d'autres :

PROCLAMATION

Puisque indifférent aux défaites
Tu marches le front haut — dardant
Ton œil sur les cités parfaites
Qui surgiront à l'occident.

Puisque tu crois aux cités hautes
Sortant de terre et renversant
Notre antique cité des Fautes
Sous leur jaillissement puissant.

Puisque tu te ris des batailles,
Fier esthète au cœur exalté
Sachant qu'à de frêles semailles
On voit la montagne éclater,

Puisqu'en tes yeux profonds et calmes
Habite une mâle douceur,
Je tends vers toi la fraîche palme
Et la fraîche rose, sa sœur.

*Et je te dis : « L'œuvre est commune
O frère, et si nous sommes nés
Tous deux sous la mauvaise lune...
— Les clairons d'aurore ont sonné ! »*

*Car debout sur notre vieux monde
Nous sommes demeurés bien peu
Qui portions en nos mains profondes
Tout l'antique ciel pris à Dieu,*

*Qui, sur les foules descendantes,
Levions — pour les faire monter —
Comme un flambeau de fleurs ardentes
Notre superbe volonté !*

*Voilà pourquoi je veux, ô frère,
Que nos fronts, semeurs d'orients,
Oppriment d'intense lumière
L'œil des blasphémateurs riants.*

*Sachons que l'impassible amphore
Ne s'émeut que pour rayonner
Mais aussi qu'en les mers l'aurore
Descend — pour les illuminer.*

*Si l'on nous méconnait, qu'importe ?
Nos yeux rendront — pieux flambeaux —
Les hommes doux, les femmes fortes,
Les enfants mortellement beaux !*

*Que, palpitants, sous nos étreintes
Les cœurs des vierges au beau front
Nous dictent les cadences saintes
Par qui nous civiliserons.*

De tels vers se passent de commentaires. J'ai eu plaisir à les transcrire parce que cela me fut une occasion de feuilleter une fois de plus le livre de M. Signoret. Que ce poète marche de l'avant, qu'il perde l'habitude de se décerner puérilement des éloges que nul, parmi les Sincères, ne songe à lui marchander, il connaîtra la gloire due aux Forts.

XVII

MILITARISME

N dehors de toutes considérations économiques, il sied de définir le militarisme : une méthode d'annihilation de l'individu au bénéfice d'une collectivité stérile. L'armée déforme les personnalités originairement les plus diverses, les modèle selon un type uniforme, abolit les initiatives et crée enfin une hiérarchie où triomphe, de grade à grade, l'adaptation de plus en plus complète de l'homme au milieu brutal, despotique et vaniteux. Pour fruit de cette culture, on obtient le parfait meurtrier c'est à dire un être qui donne la mort en vue d'une récompense et sans pouvoir même invoquer l'excuse d'un grief contre ses victimes.

Le prétexte de patrie mis en avant par les mentalités inférieures pour la justification d'une telle extravagante institution : l'armée ne saurait convaincre quiconque se sent capable d'associer quelques idées générales. En effet, si l'entité patrie se prête à l'instauration d'un culte fétichiste pour le maintien des gouvernés dans l'obéissance, si elle permet de perpétuer, à l'avantage de la caste mercantile, les haines de race à race, elle n'en apparaît pas moins, aux esprits avertis, le symbole d'un état de barbarie destiné à disparaître le jour où l'espèce commencera à se civiliser.

Depuis quelques années, plusieurs écrivains ont dénoncé les inepties et les abominations du militarisme. Nul ne pourrait dire qu'ils ont exagéré. Il n'est même pas excessif d'affirmer qu'ils restèrent *presque toujours* au-dessous de la vérité, soit qu'ils aient craint d'être taxés de parti-pris, soit que, rentrés dans la vie civile, ils aient un peu oublié les horreurs qu'ils subirent. De ces écrivains, deux viennent de publier leurs souvenirs : M. Jean Grave qui servit dans l'armée de terre et M. Georges Hugo qui servit dans la marine. (1)

Le livre de M. Grave écrit sans art, nullement composé, maladroit dans l'exposé des faits, gauche dans leur expression, arrive tout de même à nous restituer quelques-unes des souffrances ressenties par un homme de tempérament fruste, de caractère fier au contact des galonnés de tous grades qui entreprennent la transformation du soldat nouvellement incorporé en automate. Son héros, Caragut, ne peut se plier aux habitudes régimentaires. Tout lui donne la nausée ou le révolte. Il est fatalement amené à un conflit. Menacé du conseil de guerre, il tue un sergent et un caporal, aimant mieux mourir vengé que d'agoniser de longues années dans les bagnes militaires d'Afrique. C'est donc ici la genèse de l'esprit de révolte chez un être qui ne put s'adapter au milieu répulsif.

Chez M. Georges Hugo la désillusion prédomine. Il croyait aux solennelles balivernes par quoi divers anciens gardes nationaux, opérant le long des papiers quotidiens, tentent de persuader

---

(1) Jean Grave : LA GRANDE FAMILLE (1 vol. chez Stock). — Georges Hugo : SOUVENIRS D'UN MATELOT (1 vol. chez Charpentier et Fasquelle).

à la jeunesse qu'il est héroïque de s'habiller en carnaval et d'apprendre à tuer sous les ordres d'une bande de Matamores aussi stupides qu'arrogants. A peine est-il incorporé depuis quelques heures, son rêve s'écroule ; et voici son état d'âme : « Tout de suite un seul moment de joie à venir m'apparaît, unique dans l'énumération de tous ceux de ces trois années, de ces trente-six mois qui commencent : le dernier, le moment de la libération, l'heure où je quitterai cette vie, où me sera rendue la liberté que j'avais hier, que je ne remarquais pas et dont toutes les délices me reviennent aujourd'hui si tentantes, si indispensables. » Ce sentiment est d'une notation très exacte. Je me souviens de l'avoir éprouvé avec une intensité au moins égale.

Puis la discipline, le laminoir qui déchiquète toute fierté, tout respect de soi-même l'empoigne. Et voici son impression : « Nous avons mieux à connaître que la discipline avilissante, mieux à apprendre que l'obéissance. Je voudrais fuir, ne pas céder, jamais... Oh ! que je serais volontiers flétri, méprisé, condamné à un exil infamant, et traître et lâche pour avoir gardé la tête haute, refusé d'accepter l'humiliation ! » Il se soumet pourtant — il fait *comme les autres*. Mais heureusement, durant toute cette longue servitude, pas une minute l'homme intérieur ne fléchit en lui. Cela lui permit de noter avec sobriété, avec même des trouvailles d'expression heureuses, sans invectives passionnées mais selon le dégoût le plus intense maintes péripéties de son esclavage. Partout il trouve cette haine contenue contre les chefs, cette conscience plus ou moins obscure de l'ineptie du métier qui forment, malgré tout, l'état d'esprit foncier du soldat et du marin : « Pauvres vieux matelots aigris par tant d'années de douleurs, de privations, de haines rentrées, de rancunes inassouvies ! Du plus petit au plus grand, c'est toujours la même fureur contre le chef, les mêmes trépignements de rage. Je les ai vus chez le quartier-maître contre le second maître, chez le second maître contre le maître ; et cela continue jusqu'au haut de l'échelle, jusqu'aux plumes blanches, jusqu'aux casquettes les plus étincelantes de broderies d'or. »

M. Hugo s'élève aussi contre la légende de la fraternité militaire, de la gaieté insoucieuse du soldat. Il faut qu'on le sache ; on ne le répètera jamais trop souvent : c'est avec désespoir que les jeunes gens entrent dans l'armée ; c'est avec désespoir, c'est par la crainte du code qu'ils y restent ; c'est à cause d'un ennui méphitique dont nul autre ennui ne peut donner l'idée qu'afin d'oublier un instant le joug, ils se livrent à des ribotes furieuses, et à des brutalités de sauvages contre les « civils » et les lamentables putains avec qui un mauvais sort pareil au leur les accouple. L'idée fixe, le grand sujet de conversation dans les chambrées c'est la date de la libération. Et je jure bien qu'ils se moquent un peu de la patrie — au point de railler les proclamations d'ailleurs ultra-bouffonnes dont les Hauts Plumets les aspergent quelquefois. M. Hugo dit fort bien : Les terriens s'imaginent qu'il y a une *grande famille maritime* bien unie, gaie, enthousiaste, touchant exemple de solidarité, de courage insouciant ; les *Matelots* c'est-à-dire la chanson, la joie, de grands enfants intrépides depuis le brave homme d'amiral jusqu'au mathurin à grosse trogne de bon vivant. Quelle aberration !

Vous ne savez pas, terriens, ce que c'est que votre *famille maritime*, quel enfer c'est ce monde-là, comme y règnent l'envie, la jalousie, la haine et comme la bonté, la fraternité y sont inconnues ! Ce que vous appelez une famille est le mélange le plus brutal, le moins fondu et le plus étroitement mêlé de deux classes dont la différence est un abîme : tout en haut l'état-major, les officiers, sorte d'aristocratie spéciale, association mystérieuse et bien défendue dont on ignore les actes. Au fond du gouffre, nous autres, la tourbe des marins qui s'attristent et se rongent dans l'attente obsédante de la libération. » Tout cela est strictement applicable à l'armée de terre.

Enfin, après bien des nausées, des traverses et des déboires, M. Hugo est libéré.. Voici le cri qui clôt son livre et en résume l'esprit : « Je suis pris de l'envie folle — oh ! oui bien folle — de crier de toutes mes forces, de tout mon cœur : « Camarades, camarades, ne venez pas ici ! Restez aux champs, courez la mer sur vos bonnes barques. Mais ne venez pas ici où vous connaîtrez l'humiliation, où vous comprendrez la haine. »

Il est bien que le petit-fils de Victor Hugo ait écrit ces pages palpitantes et désespérées. Peut-être contribueront-elles à détruire l'idole imbécile et macabre : l'armée. D'ailleurs la répulsion que celle-ci inspire à la jeunesse s'affirme de plus en plus. Sans doute, le jour approche où de moins lâches que nous comprendront que le premier devoir d'un homme libre est de déserter. Ce jour-là, les patries, avec leurs loques voyantes, leurs sabres brandis et leurs tintamarres de guerre auront vécu.

XVIII

DES JEUNES

M. Fernand Gregh : *La maison de l'enfance* — M. André Lebey : *Chansons grises* — M. Maurice Magre : *le Retour* — M. Paul Arden ; *des Enfants* — M. Eugène Montfort : *Sylvie* — M. Maurice Le Blond : *Essai sur le naturisme* — M. Saint Georges de Bouhélier : *L'Hiver en méditation*.

J'IMAGINE que dans une centaine d'années, balayant la poussière où dormiront nos œuvres, les hommes futurs seront ébahis, éblouis aussi, comme d'un vol soudain d'oiseaux d'or, par la radieuse tempête d'idées, de sensations et de rêves qui s'en échappera. Alors on comprendra le glorieux entêtement qui nous fit rechercher la beauté en cent voies diverses, parmi les clameurs ordurières de la démocratie et les rires dénigrants de ces hoplites rompus : nos Aînés. On louera le dédain que nous leur témoignâmes. Couvrant d'un large pardon nos erreurs, nos chutes et nos querelles, plusieurs diront : « Tout meurtris encore du combat que se livrèrent en eux les fantômes de la Foi et les jeunes forces ardentes de la Science, ravis par l'aube qui remplissait lentement de merveilles leurs yeux qu'effaroucha la nuit sans étoiles, ces morts parvinrent enfin à découvrir que leur âme unanime échappait aux mensonges des vieux âges pour avoir conçu, malgré les leçons des rhéteurs, la réalité splendide de l'univers. »

Aujourd'hui, confiants dans notre force, sûrs que notre labeur fut probe, nous devons, plus que jamais, nous bander contre la médiocrité ambiante, mettre notre orgueil à repousser les avances des vieilles prostituées qui nous invitent à remplir avec elles ce tonneau sans fond : l'opinion publique et répondre à leurs caresses par des coups de fouet. Toute pierre qui nous frappe se change en diamant : le silence autour de nous prépare les acclamations de l'avenir. Parce que nous travaillons sans cesse, parce que nous méprisons la notoriété, les amulettes officielles et l'applaudissement des serviles, notre œuvre connaîtra la gloire. Car comme l'a dit un voyant : « La gloire est le soleil des morts. » Phrase fatidique et qui s'inscrit en lettres fulgurantes sur toutes les portes de la cité des Verbes.

Des livres sont là qui me charment par la bonne foi de ceux qui les écrivirent. Je ne crois pas qu'aucun d'entre eux se soucie beaucoup d'être approuvé par les marchands de réputation. Si pareille aventure leur arrivait, ils s'en offusqueraient, sans doute, comme d'un outrage. Tels éloges imbéciles les feraient douter de leur valeur, puisqu'il est *physiologiquement* impossible qu'un des individus qui s'extravasent aux papiers publics sous couleur de critique littéraire admette la renaissance que nous instaurons. Cependant, par grand hasard, ce phénomène d'une louange compréhensive dans un journal a lieu quelquefois. Dans ce cas, il faut savoir gré au signataire de l'article d'avoir oublié, un instant, d'être « bien parisien » pour redevenir un homme sain — sans s'illusionner sur la durée de cette éventuelle probité.

C'est ainsi que M. Pierre Louys fut en but, quoique ayant du talent, à l'admiration du père La Patrie. C'est ainsi encore que M. Fernand Gregh eut à subir les éloges du cuistre Gaston Deschamps. Celui-ci, afin de racheter une balourdise antérieure, crut devoir déverser sur les poèmes de M. Gregh la petite pluie grisâtre de quelques phrases normalement laudatives. Je suis heureux de constater que si M. Gregh ne méritait pas l'approbation du cuistre, il mérite la nôtre. Son livre, tout en sensations douces, en gammes de nuances grises, bleu pâle, rose fané, est d'un élégiaque. L'influence verlainienne s'y fait parfois sentir mais elle n'abolit pourtant pas la personnalité du poète au point qu'il faille s'écrier : « Voici encore un de ces imitateurs qui.... etc. » Et puis il serait peut-être plus exact de dire que M. Gregh appartient à cette famille d'esprits qu'épouvante la grande lumière de midi sur notre jardin des rythmes. Telle tendresse, telle fragilité de sentiments, dont Verlaine, M. Fernand Séverin, M. Stuart Merrill, en ses *petits poèmes d'Automne*, donnèrent de si parfaits exemples, veulent pour s'épanouir des parterres clos sous les fines brumes d'Avril, le calme des crépuscules ou la candeur indécise du petit-jour. C'est pourquoi les vers de M. Gregh chantent à mi-voix et racontent volontiers des souvenirs d'enfance quasi-éteints et très exquis. En voici quelques-uns :

AUBE

La pluie, aux rameaux verts des frênes et des charmes,
  S'égoutte dans le vent ;
Et le jeune matin s'éveille dans les larmes,
  Comme un chagrin d'enfant.

Le ciel est traversé sans fin de grands nuages
  Qui pleurent et s'en vont ;
Une fraîcheur languide étire les feuillages,
  Et le vent est profond.

Il n'est pas de parfums, cette aurore : les roses
  S'ouvrent avec ennui
Ou, frileuses, au vent de l'aube, restent closes
  Comme au vent de la nuit ;

Et les fleurs sont — en vain par le jour rajeunies —
  Des âmes sans secrets
Et la brume a tué les odeurs infinies
  Qui sortent des forêts.

> *Oh ! par ce doux matin grave et mélancolique,*
> *Aux roses sans parfums,*
> *Songe, songe, ébloui par le grand jour oblique*
> *À tes rêves défunts.*
>
> *Un pâle et doux soleil naît entre deux nuées*
> *Comme un espoir douloureux ;*
> *Des voiles sur le lac s'en vont diminuées...*
> *Ces voiles, ce sont eux.*
>
> *Eux, les rêves d'antan aux fuites invisibles*
> *Dans l'air plein de langueur,*
> *Qui s'éloignent aux vents frissonnants et paisibles...*
> *S'éloignent de ton cœur.*

Rien n'empêche de trouver que ce sont là de bons vers.

Les *Chansons grises* de M. André Lebey ? Elles modulent d'assez frissonnantes variations sur des thèmes mélancoliques. Mais pourquoi M. Lebey s'ennuie-t-il tant et aime-t-il si fort son ennui ? Il faut accepter l'existence qui nous vaut toutes douleurs et aussi toutes joies. S'ennuyer, mâcher de la désespérance, c'est prouver qu'on ne possède pas suffisamment de volonté pour résoudre ce problème de vertu (1) qu'un des bons esprits de ce temps, M. Louis de Saint Jacques a défini : « L'adaptation à la vie. » Seul un chrétien logique avec lui même a le droit — je dirais presque le devoir — de se refuser à goûter la vie. Comme elle constitue pour lui la traversée d'un couloir fangeux au bout duquel il s'imagine découvrir un horizon de gloire, il est très conséquent avec lui-même en la rabrouant chaque fois qu'elle lui offre des roses, du soleil, des vins parfumés ou la gorge d'une femme accomplie. Ces choses radieuses lui semblent pourriture et néant ; il ne lui reste donc qu'à se lamenter, à regarder si ses ailes poussent et à se boucher le nez devant les fleurs. Son unique réconfort lui viendra par la contemplation du Galiléen purulent sur sa croix. Mais celui qui a l'énorme chance de ne plus croire — c'est, je pense, le cas de M. Lebey — se dévirilise s'il ferme

---

(1) J'emploie *vertu* au sens latin du mot — dans sa plus grande extension.

les yeux devant la nature afin de mieux calamistrer son spleen. C'est une âme faible quasi méprisable. Il n'y a guère à lui chercher d'excuses à moins qu'il ne souffre d'une dyspepsie chronique comme M. Huysmans. Dans cette occurrence il lui reste la ressource de se faire catholique et d'écrire en mauvais français — toujours comme M. Huysmans.

D'autres, comme Laforgue, qui en mourut, deviennent Hartmanniaques. Si l'on a son génie, on écrit de beaux vers et des proses extraordinaires auparavant. Si l'on n'a pas son génie, on se lamente avec quelque talent et avec une grande sincérité comme M. Lebey et l'on finit par s'acagnarder en quelque éthique mollasse — ou par entrer dans la diplomatie, ou par s'adonner au commerce des épices..... ce qui est encore une façon de s'adapter à la vie. Voici un poème qui résume, je crois, l'état d'esprit de M. Lebey. Les vers en sont d'ailleurs bien faits :

Comme des barques sur la mer,
Mes espérances sont allées
Vers des infinis d'outre-mer
Par delà les terres rêvées.

Comme des barques dans l'aurore
Matinales et pavoisées
Sur les vagues qu'un soleil dore,
Elles crurent aux traversées.

Comme des barques dans la nuit
Elles errèrent incertaines,
Regrettant déjà d'avoir fui
La rade pour des côtes vaines.

Comme des barques dans l'orage
Loin des refuges espérés,
Elles luttèrent de courage....
La plupart furent submergées.

Comme des barques dans le port,
Les quelques-unes retrouvées,
Craintives d'aller vers la mort, (1)
Attendent, voiles repliées.

---

(1) Ce vers est d'une construction incorrecte.

Tout cela est bien vieillot et par trop pleurard. M. Lebey aurait besoin que quelqu'un lui hurlât quotidiennement aux oreilles le cri sublime de Gœthe : « En avant, par delà les tombes ! »

Sous une forme infiniment simple, le petit poème dramatique de M. Maurice Magre : *Le Retour* restitue les émotions d'êtres simples parmi de sobres et délicats paysages. Un poète s'en est allé à travers la vie. Il revient ; on veut le marier ; il refuse et s'en va de nouveau. Rien de plus, et cela suffit car il n'est point besoin d'inventions extravagantes pour nous passionner. — Un fragment :

LE VENDANGEUR

Ton souvenir demeure aux hommes de ces lieux ;
Dans les herbes, là-bas, la charrue est rouillée,
Mais nous irons demain la prendre, si tu veux,
Et la ferons étinceler comme une épée.

STÉNO

Il me semble que j'ai perdu puis retrouvé
Ma jeune âme parmi ces choses familières.
Je la vois maintenant sourire et s'éveiller
Comme un enfant divin au berceau de la terre.

LE FERMIER....

Ici, une tirade très faible, inutile à citer par conséquent.

SIMONE

Oublie que sur ta vie a soufflé le hasard ;
C'en est assez de solitude et d'amertume.
Reste. Nous rêverons en paix, nous qui connûmes
Les mauvais soirs et la tristesse des départs...

STÉNO

...Cet amour-là n'est pas celui que je réclame :
J'aime mieux voyager là-bas sous les grands cieux,
Abandonner mon cœur au hasard, j'aime mieux
Dans des prés inconnus, errant, un soir d'ivresse,
Connaître la douceur d'un baiser de pauvresse.

M. Maurice Magre est un bon poète. S'il travaille beaucoup, il sera l'un des meilleurs de sa génération.

Rien de plus difficile que de *raconter* des enfants. Taine, en cet admirable livre : *de l'Intelligence*, demandait jadis qu'on lui fournît des renseignements exacts sur la genèse de la pensée chez eux. Le livre de M. Paul Arden ne vise pas à remplir ce rôle de procès-verbal. Mais il note, avec un grand bonheur d'expression maints faits et gestes puérils. L'entreprise était malaisée. L'ombre de Berquin et celle de M. de Bouilly se penchaient sur M. Paul Arden et lui eussent volontiers suggéré quelque panade à la guimauve. M. Arden n'écouta pas ces spectres ; aussi écrivit-il un livre charmant. Voici une fin de chapitre : « L'enfant lance en plein courant l'épagneul qui s'effondre avec fracas, patauge lourdement, agite toute la rivière d'un remous effrayé ; il chasse à coups de pierre ou à grands gestes effarouchants les cygnes placides, parce qu'il devine que l'eau aime à bercer la calme nonchalance de ce duvet de neige qui la caresse, doux et dolent ; ou bien du haut du balcon, il laisse tomber, une à une, les pierrailles dont les coups arrachent à l'eau un petit cri d'effroi, l'ondulent de larges cercles qui se pourchassent jusqu'au bord, parcheminent de mille rides la surface agacée.

Il semble alors à l'enfant que l'eau a « la chair de poule » et il prend joie à faire peur à la rivière. »

M. Eugène Montfort expose un conflit passionnel. Sa plaquette, parmi des phrases louables, des artifices typographiques très laids et de gracieuses descriptions, se pave un peu trop d'exclamations et d'apostrophes. C'est d'un extrême sensitif que les facéties sexuelles troublèrent profondément et qui décrivit leurs effets sur son intellect alors peut-être qu'il n'avait pas cessé d'en souffrir. Or on ne décrit bien que les émotions qu'on éprouva et non celles qu'on éprouve encore. Puis, quoi qu'en ait dit Musset, ce n'est pas notre cœur qui est *le poète*. L'abus qu'on fit, dans la mauvaise littérature, de cet innocent viscère doit nous tenir en garde contre le sentiment. En effet, la sensation est en général saine : paysanne qui cultive son champ, simplement, elle apporte ses denrées au marché du rêve, puis s'en va.

L'idée choisit, se nourrit des fruits de ce labeur et en tire des floraisons qui peuvent être éternelles. Le sentiment frelate les apports de la sensation, vole des pétales à l'idée, piaille et querelle — puis crève essoufflé. C'est un métis dont il sied de se méfier. —

Une œuvre importante de M. Montfort nous permettra, sans doute, bientôt d'apprécier complètement cet écrivain.

Si le livre de M. Maurice Le Blond s'offrait comme le commentaire d'un manifeste collectif, il y aurait lieu de le négliger parce que la publication d'un programme pour lequel quelques écrivains s'entendent aux fins d'exposer des idées momentanément communes n'aboutit jamais à rien qui vaille. Chacun fait d'abord des concessions aux préférences de son voisin, abandonne ceci pour obtenir cela et l'on aboutit finalement à une rédaction neutre qui ne satisfait bientôt plus personne. Ensuite, lorsque les personnalités se dégagent, lorsque les signataires de telles oiseuses proclamations prennent conscience d'eux-mêmes et le prouvent, ils divergent. Ceux qui ont du talent suivent leur voie, se développent dans le sens de leur propre nature, sans souci désormais des contraintes et des similitudes autrefois consenties. Et cela est conforme aux lois mêmes de l'évolution qui tend toujours à créer de nouveaux types d'individus portés dès lors à modifier en eux les caractères légués par l'espèce ou la variété qui les produisirent. Le type est d'autant plus beau qu'il présente un aspect imprévu de la race génératrice tout en s'augmentant de qualités nouvelles pour la création d'une race différente.

Ceux qui n'ont pas de talent réclament, se dépitent, retombent dans le moule antérieur ou se contournent et dégénèrent. Cet incident est, d'ailleurs, sans aucune importance.

Cette tendance des individus à une autonomie de plus en plus intégrale se manifeste fortement dans l'art contemporain. Lors même que, dans l'existence courante, il y a chez beaucoup de l'hésitation à se différencier des us coutumiers, en art, chacun veut évoluer librement, selon ses seules forces. C'est pourquoi les manifestes collectifs n'ont plus aucune signification, n'en imposent à personne. N'importe qui, doué de quelques idées générales, peut les démolir en six lignes ; toute école qui en tenterait la rénovation échouerait : pour preuve l'échec complet de l'école romane.

Mais l'*Essai sur le Naturisme* ne prétend pas être un manifeste. Il constate ; il ne dogmatise point au nom d'un groupe — aussi faut-il le tenir en estime.

M. Le Blond part de ce point de vue que les écrivains de la génération parnassienne — ceux qui ont une valeur — furent des virtuoses à qui le sujet importait peu pourvu qu'il leur donnât le prétexte d'assembler des mots sonores et chatoyants. Engendrés par la Muse romantique, éduqués surtout à l'école de ce manœuvre d'art Théophile Gautier — dont il faut pourtant retenir la *Maupin* — déviés encore par les incantations maladives de Baudelaire, ils aboutirent à la folie de la forme. Cette folie eut son expression suprême chez M. Mallarmé — l'art artificiel fut. Notre génération en subit l'influence. Et ce n'est pas sans peine que ceux même qui l'illustrent aujourd'hui s'en affranchirent. Nous avions à nous guérir des langueurs, des spleens, des raffinements équivoques, de tous les parfums troubles, de tous les aromates verbaux dont nous empoisonnèrent les pontifes de l'Art pour l'Art. La crise fut pénible ; la transition malaisée mais les Forts triomphèrent. Ils sortirent de la lutte régénérés, munis de cet instrument admirable : le vers libre. Nos cadets bénéficient aujourd'hui de notre labeur et de notre victoire. Quant aux faibles et aux politiques qui voulurent ménager le chou parnassien et la chèvre symboliste, ils se diluent tous les jours. Les repentis et les assagis deviennent officiels. Ils arriveront — à l'Académie. Quelques sonnets historiques, il n'en faut pas plus pour être de la maison aux quarante potiches. Parallèlement, le bistournage satanique et monacal, l'anti nature et le bibelot ne compteront bientôt plus que trois apôtres : M. Jean Lorrain, M. de Montesquiou ces siamois de la perversité niaise, ces empereurs jumeaux du *snobisme* et M. Huysmans, pieux déformateur de la langue.

En des pages précises et concises, M. Le Blond expose les constatations que je viens de résumer. Elles me plurent à lire parce que j'y trouvai l'expression d'idées assez analogues à celles que je défends depuis quelques années et surtout parce que je crois qu'elles avancent des faits parfaitement exacts.

Examinant ensuite les tendances nouvelles, M. Le Blond croit pouvoir affirmer qu'elles réagiront contre les errements d'hier et d'aujourd'hui. Il s'écrie : « C'en est fini des expertes combinaisons sentimentales ou lexicographiques. L'art de demain se distinguera par l'absence presque totale de ces techniques prétentieuses et subtiles et la pensée ne s'éperdra plus aux labyrinthes ombreux de la phraséologie contemporaine. On comprend que les prochaines littératures, après toutes ces crises anormales et ces tentatives capricieuses, aboutiront à un effort simpliste. Un retour aux ondes lustrales de la tradition s'impose et ces jeunes hommes le proclament qui abandonnent les chancelantes tours d'ivoire pour courir joyeux et craintifs vers l'étreinte tumultueuse et forte de la vie. »

Et quelle est cette tradition ? M. Le Blond la trouve actuellement constituée par le Paganisme, le Christianisme, le Génie national et la Science. Au point de vue expérimental, M. Le Blond a raison. Mais si j'admets avec lui qu'il faut conserver ce legs des païens : l'amour des belles formes et de la volupté, que la Science peut nous fournir d'admirables thèmes, je fais des restrictions quant au Génie national et surtout quant au Christianisme. Si par Génie national M. Le Blond entend le patriotisme, c'est à dire l'amour exclusif et sectaire d'un mode de l'espèce, je m'inscris en faux. Si par Génie national il entend la façon de penser robuste et lumineuse, la langue souple et drue que nous transmirent les grands parmi nos ancêtres, je l'approuve. Écrivons en bon français, instruisons-nous chez les pères de la langue, rien de mieux. Mais pour les idées — aigles envolés de tous les horizons, — je suis citoyen du monde.

Enfin pourquoi s'attarder au christianisme, évolution finie, poids mort que nous traînons inutilement, cathédrale effondrée qui nous bouche la lumière ? Vous dites aimer la vie, vous voulez vous fondre dans la nature, et vous admettriez une doctrine qui déclare que la nature c'est le péché et qui prône l'amour de la mort ? Ignorez vous donc que le christianisme, en son dernier avatar : la pourriture mystique dont nous voyons des exemples, constitue l'un des facteurs les plus déterminants de l'état d'esprit morbide que vous combattez. Je ne crois pas me tromper en avançant que la plupart des écrivains à tendances sadiquo-chrétiennes d'aujourd'hui ont dû recevoir une éducation cléricale. Entrés en contact avec ceux de la science, macérés par le milieu réfractaire à leurs incitations, irrités par l'hostilité des Sains, ils se perdent dans les systèmes les plus baroques et les aberrations les plus insensées. Ils se cramponnent au gibet sacré. Ils nous empestent d'encens et de la fumée des cierges. Ils voudraient recracher le fruit de l'arbre fatidique alors que nous sommes fiers de l'avoir mangé. Ils veulent croire alors que nous sommes heureux d'être des incrédules.... Loin de nous, cette race ! Elle n'a rien de commun avec notre rêve : le clair de lune qui éclaire les tombeaux leur suffit, nous voulons vivre au soleil. Qu'ils s'en aillent donc gémir parmi les ossements des morts et les fantômes tandis que nous cueillerons la beauté aux seins harmonieux de la nature.

M. Le Blond étudie ensuite l'art artificiel qu'il dénonce, très exactement, curieux, avant tout, de sensations recueillies aux musées et aux bibliothèques, à l'exclusion des êtres et des paysages. Il démolit, en termes excellents, la légende mallarméenne et il conclut par cette phrase : « M. Mallarmé ne constitue guère qu'une curiosité esthétique, et ce n'est pas un grand poète. » Il improuve le dilettantisme de M. Barrès, ce dilettantisme qu'il me plaît de définir : le génie négatif des impuissants. Il rejette l'allégorie. Il étudie Émile Verhaeren et Vielé-Griffin. Il démontre que le premier est un puissant poète de terroir et le second, un souriant songeur devant la vie. Il fait d'ailleurs remarquer combien Vielé-Griffin se met en contradiction avec lui-même lorsqu'il défend, contre toute logique, avec une grande pauvreté d'arguments et, au surplus, avec un insuccès total, des personnalités et des théories absolument contraires à son art. M. Le Blond rend encore un bel hommage à Verlaine. Enfin il analyse fraternellement quelques écrits de M. Saint Georges de Bouhélier de qui je parlerai tout à l'heure.

J'ai eu tant de plaisir, malgré maintes divergences d'idées, à lire cet *Essai* enthousiaste et vibrant que je ne veux plus faire à M. Le Blond qu'une seule critique. Pourquoi semble-t-il dire que le vers est appelé à disparaître ou plutôt à se fondre dans la prose rythmée ? Il croit trouver l'indice de cette évolution dans l'emploi du vers libre par les bons poètes de ce temps. Il y a là, de sa part, une erreur complète : le vers libre loin de se liquéfier en cette forme bâtarde : la prose poétique, s'affirme de plus en plus comme un jeu de cadences infiniment souples et musicales qui, lorsqu'elles sont bien maniées, arrivent à l'apogée du mode lyrique. J'ai démontré naguère (1) quelles étaient les fonctions

---

(1) Voir ASPECTS : XIV, *des Critiques*.

différentes de la prose et du vers. Je n'y reviendrai pas. Mais je sais gré à M. Le Blond d'avoir rendu justice à ce vilipendé Jacques Simpl: et d'avoir reconnu que *my humble self* détermina les causes *humaines* et nullement scolastiques qui concoururent à l'instauration du vers libre.

En somme, malgré ses erreurs et ses inégalités de rédaction, cet *Essai sur le Naturisme* contient l'exposé d'une doctrine de vie et d'art féconde parce qu'elle est selon la nature et parce qu'elle admet l'expansion des personnalités les plus diverses. Elle sent bon la jeunesse. Or j'estime que c'est toujours auprès des jeunes gens qu'on trouve à s'instruire, jamais auprès des vieillards.

« Quoi ! s'écrient quelques-uns, encore une chapelle, une étiquette ?.... Que nous veut ce naturisme ? » Si ce terme fut élu par M. Saint Georges de Bouhélier qui se soucie fort peu, je crois, de formuler dogmatiquement une esthétique rigide et par ses amis qui aiment surtout à se répandre en des hymnes éclatants c'est parce qu'il résume clairement leur façon d'aimer la vie. Au fond, naturisme, symbolisme, romantisme, je céderais tous ces *ismes* pour une figue sèche. Il n'est pas un poète qui leur accorde une grande importance. On nous les impose bien plus que nous ne les préconisons. Mais la clarté et la rapidité du discours n'exigent-elles pas qu'on emploie ces vocables pour énoncer brièvement des mouvements d'idées ? Donc, va pour naturisme. Et qu'est-ce ?....

Le retour à la nature. « Rien n'est admirable hors de la nature ! » C'est là une parole définitive. Il faut aimer M. Saint Georges de Bouhélier pour l'avoir prononcée. Que le poète s'incarne donc aux phénomènes, qu'il s'éperde parmi le rythme immense des êtres et des choses, qu'il ne se confine pas dans l'exception car tout est beau et vaut d'être célébré. Ainsi le poète ne sera plus l'égoïste qui fredonne pour soi-même et *frelonne*, huché sur un piédestal au sommet d'une Alpe stérile, mais bien la voix même de sa race en harmonie avec la beauté de la matière à jamais vivante.

N'est-ce pas là, en effet, la tradition aryenne ? C'est elle qui chante aux *Védas* et au *Ramayana* ; c'est elle qui chante en Grèce ; c'est elle qui tenta déjà de chanter chez nous et qui fut toujours étouffée par cette morne religion qu'enfanta le sombre génie sémitique ; c'est elle qui ressuscite aujourd'hui et qui chantera triomphalement demain...

Plutôt que de s'astreindre un traité où ses propositions se fussent déduites en théorèmes, M. de Bouhélier nous raconte sa vie intérieure. Son livre est abondant et touffu. Ses effusions y murmurent comme le vent sous les arbres, roulent comme des fleuves à travers la forêt des idées en charriant des roses, des cailloux étincelants et aussi quelques détritus. Débordement, inondation fleurie au grand soleil, tels sont les mots qui conviennent pour caractériser ce poème vraiment extraordinaire. Et c'est un beau spectacle, celui de ce garçon de vingt ans qui prodigue toutes ses sèves, se révèle tout entier. Je me garderai bien de disséquer l'*Hiver en méditation*. Ce livre *veut être senti* ; ce ne sont point des analyses qui pourraient le faire valoir. Inquiétudes, joies, larmes, rires y éclatent comme les fleurs rouges de l'aloès. Il faut les cueillir et non en faire l'autopsie. — Je citerai donc quelques passages qui me paraissent significatifs.

« J'éprouve, parfois, l'étreinte de l'ombre. Une ruche brille, des blés flambent, l'eau chante — on ne peut s'expliquer cela. Il semble qu'on soit le témoin de sa propre disparition. Une partie de soi s'effrite, dépérit. On pressent la perte d'un trésor confus. On ne comprend pas ; rien n'aura plus lieu. Ceux qui n'ont point senti en eux ce ténébreux vertige de l'âme, ah ! que distingueront-ils de ma pensée. »

Cela, c'est un jour d'affaissement mais de telles dépressions sont rares dans l'*Hiver en méditation*. Voici un moment de pleine sérénité : « Reclus dans cette petite maison, je ne tenterai plus de m'en échapper. Le moindre évènement nous paraîtra grave et nous discernerons l'importance d'une multitude de conjonctures qui nous furent toujours sans attraits. Ainsi mon amie s'occupe de l'évier, des cruches candides que la pluie use, et du puits où elle casse la glace. S'il nous vient des nouvelles du monde, par les amis qui nous visitent ou les gazettes que je reçois — comme elles nous paraissent riches et admirables ! Nous en sommes distraits tout le jour. La moisissure qui brûle le mur nous occupe autant que l'idée de Dieu. On chante, on travaille... Clarisse range le pain. La huche accueille d'opaques pommes vertes. Je lis, je médite, j'embrasse mon amante. Tandis qu'une pluie épaisse crépite, nous goûtons le sublime délice de nous sentir très à l'abri. Nous nous serrons l'un contre l'autre et Clarisse rit selon mon songe. »

Quelle intensité dans le rendu d'une existence coutumière et tranquille ! D'ailleurs le poète ne saurait s'éperdre aux paroxysmes passionnels. S'il célèbre la grâce de maintes petites amies caressées, il ajoute tout de suite : « Je n'aime ardemment que l'amour. » Puis il médite encore ; l'idée vole, chatoie, se transforme, et il s'écrie : Une idée a cent mille aspects, autant que Protée, comme la nature même... » Il sait que les gambades du vent qui rebrousse les roseaux d'un rivage, le mot jeté par un passant qui s'éloigne, le bourdonnement des mouches au soleil peuvent en apprendre plus long sur l'homme et sur le monde que toutes les rhapsodies des rhéteurs et des philosophes : « Attentif à l'eau glauque, compacte, à une fleur que la brise y pose, à un poisson, à chacun des joncs riverains, le passeur attend de l'aube à la nuit. Esclave de quiconque l'appelle, sa bonté secourt les gens. Il n'a jamais vu le bourg du coteau où gronde l'éclat profond des bois. Aux vallées, des carriers travaillent. On entend bruire les scies vivaces. Parmi les hautes forêts, les bûcherons geignent, ployés, à écorcer les pins. Les résines débordent des branches vertes et l'on entend grincer les haches. Mais l'homme, continuement, traverse de l'aube au soir, d'avril en mars. Le fleuve reluit, s'écaille d'écumes, bouillonne aux berges. Immobile, brille la chaloupe rouge. — Un poisson, parfois, miroite sous du sable. Au seuil de sa petite maison dont la porte flambe, peinte d'un vert cru, le batelier demeure tranquille à regarder l'eau et l'azur. Dans l'herbage fluvial le vent siffle.... Voilà, assurément, mon maître. Il m'a plus appris cet homme que Platon, ses discours suaves et ses exquis traités. »

Voici maintenant des affirmations qui témoignent d'une belle santé d'âme et dont je voudrais voir certains se pénétrer : « S'assurer d'un but, tel est le problème. Il s'agit de restreindre enfin la carrière de nos présomptions. Au lieu d'être occupés de Dieu et de la lune, que chacun prenne garde à soi-même. Avant de nous instruire de la théodicée, des lois d'eurythmie et de la pesanteur, apprenons celles de notre état. Il faut acquérir une sécurité :

boire, casser du pain, simplement. Comme nous tentons des gloires qui nous sont défendues, demeurons là, près du bon vin et du bateau. » Mais il n'y reste pas et lorsqu'il se connaît lui-même il s'élance vers ces gloires qu'il ne croit pas tant que cela défendues.... Ohé ! fils de Faust et d'Hélène, ne vas-tu pas te fracasser les ailes et périr brûlé pour avoir touché l'empyrée ?... Non pas, n'est-il point propre à tout, puisqu'il est poète ! Et pour ma joie à moi qui l'ai tant répété à ces sourds de la tour d'ivoire, il s'écrie : « Au point où viennent d'atteindre les civilisations, il ne paraît plus qu'un homme supérieur ne soit destiné qu'à un seul foyer. La multiplicité de nos hérédités et la diffusion populaire déterminent celles de nos exploits. On peut dire que le sang de Périclès, de Cyrus, de Sémiramis empourpre et anime le pire laboureur tout aussi bien que les descendants des rois. Enfin la confusion des âmes et des peuplades enrichit tout homme d'intentions diverses. Quiconque remonterait aux sources de sa race, rencontrerait, de ci, de là, d'augustes et tumultueux aïeux qui étaient guerriers, forgerons, tisserands pirates parmi les spumeuses mers, barbares de Cimmérie, rhapsodes grecs, constructeurs de barques, conquérants fameux, ténébreux esclaves ! Les instincts qu'ils nous ont légués se contrarient. Chacun les adaptera à soi, à son milieu. On semble disposé à être un héros, un pasteur ou un philosophe... Comme nous possédons de mobiles mérites, on les occupe.... au petit bonheur de la destinée. Un homme devient ce que désirent les événements. Il n'est point propre à un état mais toutes les fortunes lui conviennent. Il se peut qu'il conquière des îles, qu'il ravage un coteau ou qu'il pétrisse, cela lui demeure légitime. Les charmes dont l'investit Virgile, il les emploie à composer de rares églogues et si le sort en sollicite l'usage, il se servira des talents d'Eumée afin de garder des troupeaux de porcs. » — Oui, tout est beau qui est action. Il est aussi glorieux d'ensemencer un champ bien labouré que d'écrire *l'Odyssée*.

Agir ! agir ! vivre sa vie multiforme au paroxysme, voilà, en effet, la sagesse. Si nous voulons prendre conscience des mâles beautés qui dorment en nous, agissons plutôt que de nous lamenter sur notre faiblesse et notre fragilité... Mais presque tous les hommes s'ignorent et c'est pourquoi ils se laissent mener à coups de bâton.

Tout ce chapitre *le Destin* d'où j'ai extrait la dernière citation est d'une ampleur et d'une tension des plus remarquables. Les idées y foisonnent : c'est le point culminant de l'œuvre de M. de Bouhélier.

Je cite encore cette boutade : « Rien de ce que Shakespeare déclame ne vaut l'odeur du pain cuit » parce que je suis *sûr* que M. de Bouhélier changera, tôt ou tard d'opinion sur Shakespeare qu'il juge, aujourd'hui, le plus faussement du monde. De même il élaguera son enthousiasme à l'égard de Bernardin de Saint Pierre. Ce personnage fut un sombre idiot. S'il eut un éclair dans *Paul et Virginie*, il étala ensuite toute sa sottise dans je ne sais quelles soi-disant *Harmonies* où l'on trouve cette assertion prodigieuse : « Si le melon a des côtes, c'est afin qu'on puisse le manger en famille. »

Enfin, pour terminer, voici deux phrases belles comme des accords de lyre et que je mentionne parce qu'elles caractérisent plus fortement que toute autre l'art du poète qu'est M. de Bouhélier. — Celle-ci : « Il faut vivre ébloui, magnifique, lucide.... parce qu'une petite fleur d'or regarde, parce qu'une pluie ébruite le bruissement des tuiles, parce qu'au loin l'étoile semble attentive, à cause enfin de la beauté et de la mort. » Celle-là : « Comme on lance un fruit à un pauvre, je voudrais jeter des aubes aux ténèbres. »

Je prétends que le jeune homme qui écrivit ces choses est doué des plus magnifiques dons de nature qui se puissent concevoir. C'est avec allégresse que je le salue. Je pressens que s'il reste indépendant de toute écolâtrie, il montera très haut cependant que s'effriteront tant de chantres grelottants et de bardes étriqués que nous vîmes défiler durant ces dernières années — cependant que tomberont en poussière les lys languides et les lointaines princesses, les exergues, les torches, les miroirs, les glaives, toute la défroque allégorique et chevaleresque. Que demain M. Saint Georges de Bouhélier, après avoir contemplé les reflets de l'univers en son âme, crée un drame ou un roman, nul parmi les initiés aux splendeurs du Grand Pan ne lui refusera toutes les couronnes....

Car oyez la bonne nouvelle : le Grand Pan ressuscite ! La fête éperdue commence où nous répéterons avec le père Hugo :

Enivrez-vous de Tout, enivrez-vous, poètes,
Des gazons, des ruisseaux, des feuilles inquiètes,
Du voyageur de nuit dont on entend la voix ;
De ces premières fleurs dont février s'étonne,
Des eaux, de l'air, des prés et du bruit monotone
Que font les chariots qui passent dans les bois....

Puis nous nous écrierons encore avec Marc-Aurèle : « Ω φύσις, ἐχ σοῦ πάντα, εἰς σὲ πάντα, ἐν σοὶ πάντα. » Et ce sera, parmi des levers d'astres, notre chant de Noël et de Pâques à jamais !

XIX

VEILLÉE DE NOËL

E brouillard et la nuit s'appesantissent sur la campagne spongieuse Dans l'air gris s'entrechoquent des toussotements de cloches asthmatiques, des gargouillis d'orgue et des clameurs d'ivrognes. Des relents de boudins, d'encens et de vinasse traînent. Le vent accroche des plumets de brume aux cheminées des villages, glapit et ricane aux fentes des portes, jette des poignées de pluie contre les carreaux des fenêtres, puis se sauve à travers la plaine en hurlant comme un fol échappé.

La maison de Maître Phantasm a clos ses volets. De la route, on dirait qu'elle dort. Pourtant, à l'intérieur, la cuisine est toute vermeille où flambe et pétille un feu de bûches. Affalé dans un fauteuil — incontestablement Voltaire — le démon Grymalkin broche des babines, fronce son nez en as de trèfle, se gratte les mollets et lit, à voix psalmodiante, les versets d'un in-folio posé sur ses genoux. Couché à ses pieds, contre la pierre du foyer, le chien Griff ronfle — méprisant. A certains passages que Grymalkin ponctue d'intonations nasillardes, il se réveille à demi, entr'ouvre un œil, grogne. Puis, gratifié d'un coup de pantoufle, il se rendort. Cependant, un grillon solfie aigrement au bord des flammes. Et les marmites miroitantes accrochées au mur frémissent à l'unisson.

GRYMALKIN

Or l'étable était obscure et nauséabonde. Une lanterne borgne y agonisait, crachant plus de fumée qu'elle ne donnait de lumière. Inclus en une petite auge assez malpropre, posée à même la bouse du bœuf et le crottin de l'âne, enveloppé de langes pisseux, l'Enfant geignait en salivant sur sa bavette. La Mère tricotait, béate. Le Père, d'ailleurs putatif, parcourait, en grommelant, le bulletin hebdomadaire du syndicat des charpentiers. Perché sur un râtelier vermoulu d'où pendaient quelques chiffes de foin, un pigeon roucoulait langoureusement. — Puis l'âne se prenait à braire, le bœuf à mugir. Et la Mère disait : « Ce sont les concerts des anges. »

Voici que les Rois-Mages entrèrent alors. Et Gaspard dit : « Cet enfant est bien mal tenu. » Et Melchior : « Il sent mauvais. » Et Balthazar conclut : « Bonne femme, vous devriez le laver. »

Or le Père répondit : « Je n'ai pas le sou pour acheter du savon. Je suis en grève. L'épicier ne veut plus nous faire crédit... Et puis ce nourrisson ne m'intéresse pas beaucoup. »

Mais la Mère, mouillant son index de salive, débarbouilla un peu le bout du nez de l'Enfant ; puis elle le prit entre ses bras et le présenta aux Mages en disant : « Messieurs, vous me donnerez bien trois ou quatre francs afin que je lui achète une layette de rechange. »

Gaspard lui dit : « Chère Madame, je suis philanthrope. A ce titre, je veux, avant tout, contribuer à modifier l'hygiène déplorable où vous croupissez. Voici donc un louis pour faire recrépir ce local et percer une fenêtre ; j'y joins une brochure qui traite : *de la mortalité infantile.*

— Hélas ! mon bon Monsieur, répondit la Mère, je ne sais pas lire.

— Comment ! s'écria Melchior, le roi Hérode n'a donc pas établi d'écoles laïques, gratuites et obligatoires dans ce pays ?... Je rendrai compte de sa négligence à Qui-de-Droit.... En attendant, voici quelques désinfectants : du phénol que vous répandrez par terre et des branches de genévriers avec lesquelles vous ferez des fumigations.

— Et voici, dit Balthazar, un petit tricot de laine qui empêchera l'Enfant de s'enrhumer. »

La Mère se confondait en remerciements. Mais les Mages l'écoutaient peu. S'étant concertés, ils dirent : « Pour mettre le comble à nos bienfaits, nous allons tirer l'horoscope de l'Enfant. »

Ils se penchèrent sur le Baby, l'examinèrent, échangèrent quelques observations à voix basse, puis Gaspard prononça : « Votre fils sera pendu aux environs de sa trente-deuxième année pour avoir tenu des discours subversifs et scandalisé les Bourgeois éminents de la ville. — Mais consolez vous : après sa mort, les hommes en feront un Bon-Dieu. Et, comme il sied, ils se haïront, se disputeront, s'égorgeront et se brûleront les uns les autres, en son honneur.

C'est là une grande gloire !

— Qui paiera les mois de nourrice ? » demanda le Père.

Les Mages, froissés de cette indiscrétion, sortirent sans lui répondre. Ils branlaient la tête marmottaient des épiphonèmes réprobatifs et crachaient tous les trois pas. Du seuil de l'étable, le Père leur montra le poing. Mais la Mère mirant le ciel noir où des étoiles clignotaient ironiquement s'écria : « Les astres me saluent ! » Alors....

Grymalkin, fort édifié, en était là de sa lecture quand la porte s'ouvrit tout-à-coup. Maître Phantasm entra. Il soufflait, s'ébrouait et secouait son manteau trempé de pluie. Grymalkin se dressa d'un bond, laissant glisser le livre dans les cendres. Griff aboya joyeusement. Et Maître Phantasm se jeta dans le fauteuil en soupirant à grand bruit.

MAITRE PHANTASM

Grymalkin, attisez le feu!... Je suis transi. Mettez dedans cette bûche et encore cette autre. . Bon ! Maintenant le voici qui flamboie —

GRYMALKIN

Il s'épanouit, rouge et jaune comme un parterre de tulipes —

MAITRE PHANTASM

Joyeux, il souffle par toutes les fentes des bûches de petites fumées plus contournées que les vrilles d'une vigne —

GRYMALKIN

Il lèche les briques noires du foyer comme Griff lèche son écuelle après l'avoir vidée —

MAITRE PHANTASM

Et il chante comme un millier de rouges-gorges au soleil —

GRYMALKIN

Tandis que notre grillon marque le rythme d'une note de cristal fêlé.

MAITRE PHANTASM

Je voudrais être le poète du feu.

GRYMALKIN

Moi, je ne voudrais pas être mais je suis une salamandre.

MAITRE PHANTASM

Paix là ! On ne vous demande pas vos qualités. Dites-moi plutôt ce que vous avez fait pendant mon année d'absence.

GRYMALKIN

J'ai lu les livres qu'on vous envoyait. D'après leurs racontars, j'ai rédigé des prospectus que j'adressais aux feuilles d'actualité. Pour ne pas vous compromettre, je les signais de pseudonymes.

J'ai signé : François Coppée, Armand Silvestre, René Doumic, Gaston Deschamps etc. Bien entendu, je me gardais bien d'y mettre l'ombre d'une idée. Je me contentais de moudre les aphorismes consacrés ; j'exaltais les écrivains arrivés, je vantais ceux qui prônent tout ce que vénère l'opinion publique : le respect des bustes, la pornographie, le 3 p. %, la patrie, la vertu des concierges, l'intelligence des électeurs, le génie des Normaliens, le derrière des Toulousaines, le socialisme de M. Jaurès, la beauté de Madame Adam. L'originalité me fut en horreur. Les écrivains qui ne célébraient ni les facéties phalliques, ni les panaches des états-majors, ni les splendeurs de la classe moyenne, je les jetais impitoyablement au panier. Enfin, sous le nom de Jules Claretie, j'ai léché dévotement les pieds d'un chef de Tartares venu chez nous, cette automne, pour mendier des millions, et que a nation accueillit comme un Manitou d'essence supérieure.... Tout cela m'a rapporté beaucoup d'argent.

A mes moments de loisir, je lisais cet in-folio que j'ai découvert sous une pile de fagots, au fond du grenier.

MAITRE PHANTASM

Et qu'est-ce ?

GRYMALKIN

C'est : *l'Evangile selon les derniers progrès de la science*, orné de gloses du Père Didon — des commentaires de M. Cyrille Pécuchet, membre de l'Académie des Goncourt, décoré de plusieurs ordres, auteur d'un traité sur la crâniologie envisagée dans ses rapports avec le Christianisme etc. — et des remarques de M... Grymalkin.

MAITRE PHANTASM

Oui ! Oui ! je connais ce livre. Je l'avais mis au grenier parce que toutes ces histoires sont bien vieilles et m'intéressent peu. En effet, pourquoi s'entêter à retourner de cent façons des contes trop rebattus et dont le plus piquant ne vaut pas la moindre des aventures du glorieux Don Quichotte ?

GRYMALKIN

Mais Don Quichotte fut un rêveur comme ce Galiléen qui prétexta l'Evangile.

MAITRE PHANTASM

Sans doute. Seulement Don Quichotte agissait. Il combattait les moulins à vent ce qui est plus malaisé qu'on ne se le figure. Il fouaillait les troupeaux de moutons, ce pourquoi les bergers lui cherchaient noise. Il croyait en lui-même. Au contraire, le fils de Myriem bavardait sur des choses où il n'entendait goutte, faute d'un esprit critique suffisamment développé. Il prétendait changer les hommes en s'adressant à leur cœur... Il n'a réussi qu'à les rendre un peu plus stupides qu'auparavant. Puis il n'aimait pas à rendre les soufflets qu'on lui appliquait. Enfin il invoquait son père au lieu de s'invoquer lui-même. Bref, il inventa une religion c'est-à-dire quelque chose comme une chaîne, car religion vient de *religare* qui signifie, si je ne me trompe, *garrotter*.

Don Quichotte, lui, n'a pas inventé de religion. Aussi ses imitateurs sont assez rares. Pourtant, oserais-tu dire que ce ne sont pas de braves gens? Tandis que les adeptes du Galiléen...

GRYMALKIN

N'importe : j'aime à lire l'Evangile.

MAITRE PHANTASM

Vous avez des raisons de famille pour cela, monsieur le Diable. Mais moi qui n'en ai point, j'aime autant m'abstenir.

Ils se taisent un moment. Le feu crépite, fuse dans la cheminée, illumine et empourpre la salle. Au dehors, les cloches chevrotent, la pluie clapote, et le vent renifle dans les cheminées. Maître Phantasm se chauffe les mains. Puis la conversation reprend.

GRYMALKIN

Et vous, qu'êtes-vous devenu depuis un an?

MAITRE PHANTASM

Si je te disais que j'ai vécu, je nous tromperais peut-être tous deux — car il me semble bien avoir rêvé depuis le mois de janvier dernier...

Es-tu sûr que j'étais absent? Ne crois-tu pas plutôt que, blotti, là-haut, sous mes couvertures, je ronflais comme Griff à cette heure ?

GRYMALKIN

Par ma tête biscornue, tu n'étais pas à la maison !... Je m'en suis bien aperçu à ceci que je vivais tranquille. Quand tu restes ici, il faut que je me démène à ton service, que je coure, que je fasse la cuisine. Quand tu t'absentes, j'agis à ma guise et...

MAITRE PHANTASM

Assez ! — Si, en effet, j'étais absent, c'est qu'alors la vie est un rêve... à moins que ce ne soit le contraire ou... je ne sais pas.

GRIMALKIN

Je ne sais pas : voilà une parole sage ! Seulement vous ne la prononcez pas assez souvent.

MAITRE PHANTASM

C'est pour garder mon prestige vis-à-vis de toi... En tout cas, il m'a semblé, durant ces douze mois écoulés que j'étais en proie à un cauchemar...

Vois-tu, si j'ai vécu, c'est *avant cette vie-ci*... Peut-être, aussi, vivrai-je *après*. Mais alors, comme je serai tout simple, nigaud et baguenaudeur, et divinement instinctif ! Quelle joie ! Je passerai mon temps à mettre des grains de sel sur la queue des sphynx qui hanteront mon royaume d'Utopie. Quand je les aurai pris, je vérifierai la couleur de leurs ailes, puis je leur rendrai la liberté sans même leur demander leur secret. Ou bien, je me dorloterai toute la journée, couché au soleil, enfoui dans l'herbe — par exemple au bord d'une rivière dont je collectionnerai les reflets d'or et d'ombre, les ondes mouvantes, les murmures et les moires, je vivrai — ah ! je vivrai majestueux comme un arbre et splendide comme un poème.

GRYMALKIN

Mais quel fut donc ce songe pénible qui te fait douter d'avoir vécu ?

MAITRE PHANTASM

J'allais par la ville — la ville, cette ruche de stercoraires. — A tous les carrefours, je rencontrais des individus hagards, habillés comme des arlequins qui hurlaient : « Nous sommes *la Gent de lettres.* » Et ce disant, ils me proféraient à la face des statuettes, les unes baroques, les autres assez attrayantes au sujet desquelles ils prétendaient me soustraire un jugement. « *Cela m'est égal*, leur disais-je, *tout à fait égal.* » Mais ils insistaient. Alors, pour ne pas les chagriner, j'examinais leurs œuvres ; je louais quand il y avait lieu de louer ; sinon, je m'efforçais d'expliquer les motifs de ma désapprobation. Les louangés se frottaient à moi avec un rire triomphal et déclaraient, très haut, que je pourrais bien avoir du génie. Ceux dont j'avais méconnu les tentatives fronçaient le sourcil, grimaçaient laidement et se retiraient dans un coin. Puis, après s'être concertés, ils me lançaient une mitraille de trognons de choux et d'étrons. J'avais beau leur crier : « Mais Messieurs, je ne suis pas plus infaillible que... vous mêmes », ils n'entendaient à rien et ils redoublaient leur bombardement. Et voilà comment on se fait des ennemis !

Grymalkin, si je te rends un jour ta liberté et que tu ailles dans le monde, je te recommande soigneusement de ne *jamais* émettre d'opinions....

Cependant, je me dérobai à mes persécuteurs. Je me repris à flâner par les rues. J'y vis bien des choses amusantes et qui m'auraient retenu si je n'avais été incommodé par les criailleries de certains chiffonniers qui s'affairent à ramasser dans la crotte les détritus qu'on jette des fenêtres. Ils en font une pâte qu'ils revendent, pour un sol ou deux la livre, à la population, laquelle l'absorbe tous les matins en guise de purge intellectuelle. On appelle ces chiffonniers : les journalistes. Ils forment une corporation puissante mais qu'il n'est pas sain de fréquenter, étant donnée la puanteur qu'elle dégage. Je les évitai donc tant que je pus et je dûs répondre même à leurs avances ou à leurs railleries par de solides gourmades. —

Je continuai ma promenade. J'arrivai ainsi, sortant de la ville, à l'entrée d'une sorte de petit bois enclos d'une haie. Une grille entr'ouverte permettait d'y pénétrer. Elle portait cette inscription en lettres d'or :

Bois sacré cher aux Muses et aux Arts

a l'instar de

M. Puvis de Chavannes

Comme ce lieu me parut propice à la rêverie par la fraîcheur de ses ombrages et le calme qui y régnait, j'entrai donc. Tout de suite, je découvris un poteau surmonté d'un buste de M. de Chavannes lui-même. Ce grand peintre avait l'air fort mécontent. Il me sembla même — mais c'était sans doute un jeu de lumière ou un peu de rosée — que des larmes luisaient sur ses joues de terre cuite. Sur le socle, je lus avec surprise, cette affirmation singulière : TOUTE AURORE EST GOURDE. Puis, au dessous, je vis une plaque indicatrice qui portait une flèche et ces mots : *chemin de l'Absolu*. Ma curiosité était notablement excitée. Je m'engageai donc dans l'allée désignée par la flèche. — J'arrivai bientôt à une clairière au centre de laquelle s'érigeait une statue blanche, de formes assez confuses et qui me parut, tout d'abord, taillée dans le marbre. Un homme aux yeux si profonds qu'ils étaient vides, se tenait accroupi contre le piédestal. Tout autour de lui un certain nombre de jeunes gens à quatre pattes et dont plusieurs avaient le nez juif, ne le quittaient pas du regard et tressaillaient dès qu'il faisait mine d'esquisser un geste. Je le saluai poliment — mais lui, d'une voix creuse qu'il semblait s'arracher de l'estomac : « A savoir s'il y a lieu d'écrire ? » me demanda-t-il. Un peu interloqué, je regardai les jeunes gens. Nul ne bougeait. « Monsieur, répondis je à tout hasard, c'est selon... » Une rumeur courut. Mais mon interlocuteur se levant et me désignant le marbre : « Que jugez-vous de cette œuvre hautaine et solitaire ? » Je m'approchai et je découvris alors que la statue était plantée sur son piédestal de telle façon qu'elle avait la tête en bas et les pieds en l'air. En outre, ses membres étaient si bizarrement entortillés qu'on eût dit que ses jambes s'attachaient aux épaules et ses bras au bassin.

« Eh bien ? » reprit l'homme qui semblait jouir profondément de ma stupéfaction devant cette production singulière. Je n'osais plus trop me risquer à répondre, lorsque un des jeunes gens se souleva sur ses talons et ses poignets et me souffla : « Il faut parler franchement au président de la République des lettres car il est le Maître des Mystères. » Encouragé, je dis alors : « Monsieur, si je ne me trompe, cette statue a la tête en bas et les pieds en l'air. » Un hourra d'indignation éclata si haut que les feuilles des arbres tressaillirent et que des cerfs qui broutaient sous leur couvert prirent la fuite en brâmant.

« Quel est ce maheustre ? » dit un prosélyte

« Je le juge sauvage et presque désordonné, » déclara un autre.

Et un troisième, éphèbe aux cheveux quasi blancs à force d'être blonds, aux yeux faux, glapissait : « Malheureux ! mais cette statue est classique ! »

Cependant, sur un signe du Maître des Mystères, tous se turent. Et le Maître m'envisageant, d'un air de pitié, décréta : « Quel, sinon voué à de pitoyables, celles du néant, appréciations, ou à moins que camelot, oserait nier le glissement, le choc, l'adhésion totale des grâces à une blancheur, signe des efficacités suprêmes, comme répercutée au centre vibratoire des âmes qui se coalisent pour reconnaître, selon leur plus immémorial souhait, la présence désormais intuitive de la beauté : ce marbre ? »

A ce coup, fâché de passer pour un imbécile, je répondis en désignant le gros orteil de la statue : « En effet, ce doigt de pied me semble un assez joli morceau. » De fait, du chaos blanchâtre des formes qui m'étaient soumises, il émergeait finement modelé. Néanmoins, il paraît que j'avais blasphémé puisque un adepte me saisit alors aux épaules et me secoua en hurlant : « Cela, un doigt de pied ?... Mais c'est un œil — un ŒIL ! entends-tu, où résident les fragrances les plus décisives du symbole.

— Je ne comprends pas très bien, » répondis-je.

« Il méconnaît la clarté elle-même ! » reprit le sectaire en se permettant de me mettre son poing sous le nez. Tu sais, Grymalkin, que je suis assez peu patient et de caractère plutôt colérique. Je saisis donc les poignets de l'énergumène qui me rudoyait et j'allais l'étendre par terre d'un adroit croc-en-jambe,

lorsque le président s'interposa et me dit d'un ton impérieux :
« Va-t en. Tu intensifies l'éclipse d'être nul. »

Je t'avouerai qu'à ces mots, je ne pus m'empêcher de rire. Puis, comprenant qu'il était inutile de m'attarder auprès de ces gens dont la manière de voir ne correspondait évidemment, en rien avec la mienne, je leur tournai le dos et je rentrai dans l'allée par où j'étais venu vers eux. Là, j'eus une vision étrange.... Sur les troncs des arbres, aux fentes de l'écorce se dessinaient de larges éclats de rire. Les fleurs sauvages des talus, s'inclinaient l'une vers l'autre, tressautaient sur leur tige et se confiaient, en pouffant, de malicieux secrets. Les rayons du soleil tressautaient joyeusement parmi les ramures chatouillées et le vent s'esclaffait en répétant : Le Seigneur des mystères min-in in-inces ! » Toute la nature se moquait, je crois, de ces personnages si convaincus.

Revenu à la grille, je me retournai et je découvris que la statue avait disparu. Devant le piédestal, il y avait une flaque d'eau fangeuse. Et le pauvre Président s'efforçait, avec des mines de Narcisse joué, de s'y mirer.

Autour de lui, les disciples à genoux s'arrachaient les cheveux.

J'appris, plus tard, que cette statue était de neige et non de marbre. De là, sa fonte subite.

J'eus encore d'autres aventures. Mais plus j'allais, plus je me dégoûtais des comédies auxquelles j'étais forcé d'assister. Si bien que las à la fin de ces parades monotones je me déterminai à revenir ici. Chemin faisant, je pus noter encore divers épisodes assez bouffons mais que je trouve inutile de te raconter par le menu. Pourtant je t'apprendrai que ceux de la Gent-de-lettres se disputent souvent puis qu'ils se raccommodent en des agapes, où l'on mange du porc aux carottes et où l'on boit des vins frelatés, chaque fois qu'un d'entre eux, jugé apte à leur faire honneur, expose une statuette nouvelle.

GRYMALKIN

Tot prandia quot praelia.

MAITRE PHANTASM

Oui pédant !...

Enfin je retrouvai la route de notre retraite — et me voici....
Eh bien! estimes-tu que j'ai rêvé ou que j'ai vécu?

GRYMALKIN

D'abord, d'après vous, qu'est-ce que la vie?

MAITRE PHANTASM

C'est, peut-être, un grand *tant pis*.

GRYMALKIN

Et le rêve?

MAITRE PHANTASM

Mêmement, je pense.

GRYMALKIN

Mais ceux de la Gent-de-lettres, que faisaient-ils en somme?

MAITRE PHANTASM

Ils faisaient de l'art.

GRYMALKIN

Et l'aimaient-ils?

MAITRE PHANTASM

Oui — incontestablement.

GRYMALKIN

Maintenant qu'est-ce que l'art?

MAITRE PHANTASM

C'est un grand *tant mieux*.

GRYMALKIN

Mais encore?

MAITRE PHANTASM

Selon les instincts de chacun, un mélange à parties inégales de la vie et du rêve.

GRYMALKIN

Par ainsi: un *tant mieux* vaut deux *tant pis* — ou au moins un *tant pis* et demi.

MAITRE PHANTASM

Tiens !... C'est peut-être vrai ce que tu dis là.

GRYMALKIN

Mais, à la ville, que disaient de toi les gens de lettres ?

MAITRE PHANTASM

Que j'étais très « peuple ».

GRYMALKIN

Et le peuple ?

MAITRE PHANTASM

Que j'étais très « aristo. »

GRYMALKIN

Et que crois-tu être ?

MAITRE PHANTASM

Moi-même.

GRYMALKIN

C'est vrai, et tu as le droit de le dire. Seulement, parmi ceux de la gent-de-lettres, plusieurs ont aussi le droit d'en dire autant et beaucoup s'efforcent de l'avoir. C'est pourquoi, malgré leurs travers et les tiens, vous devez vous aimer.

MAITRE PHANTASM

Je les aime, puisque ils sont mes frères en *tant mieux*. Si je les fouaille parfois c'est lorsque je les vois mentir à leur destin, renier la fonction pour laquelle ils sont faits, perdre leurs forces et leur talent à admirer, à vanter, à imiter les menteurs ou les fous qui les détournent de leur labeur magnifique, qui estropient leurs facultés et les empêchent de s'épanouir selon leur propre nature. Qu'ils chantent donc librement leurs poèmes au lieu de se prosterner devant des fétiches absurdes ou des charlatans désireux seulement de s'assurer une cour.

GRYMALKIN

Soit ! Mais chante aussi toi.

MAITRE PHANTASM

T'imagines tu que je m'en prive ? L'univers m'y pousse.

GRYMALKIN

Que crois tu donc être dans l'univers ?

MAITRE PHANTASM

Une parcelle harmonieuse qui se réjouit de faire sa petite partie dans le chœur unanime des Forces.

GRYMALKIN

Novalis a dit....

MAITRE PHANTASM

Novalis est un clair de lune pâteux dans un brouillard de Souabe. Et toi, encore une fois, tu n'es qu'un pédant....
Apprenez-moi donc plutôt, Monsieur des Pantacles, quel est le sens de la vie.

GRYMALKIN

Le sens de la vie ?... *(il éclate de rire)* Ho ! Ho ! Ho !

MAITRE PHANTASM

Hein ?

GRYMALKIN

Le sens de la vie : Carymary, Hi ! Hi ! Hi !

MAITRE PHANTASM

Je m'en doutais !... Or ça : Carymara, Ha ! Ha ! Ha !

GRYMALKIN

Regardez donc le feu, mon cher Maître.

MAITRE PHANTASM

Il nous fait les cornes !

Et c'est vrai. Le feu darde vers eux des cornes multicolores : rouges comme le sang, noires comme de l'encre, violettes comme un évêque, blanches comme de la farine, vertes comme les prés, jaunes comme le soleil, bleues comme la mer — couleur de toute la nature. Les flammes dansent, pareilles à des Korigans, s'allongent, se recroquevillent, se pâment. Maître Phantasm et Grymalkin s'emplissent les yeux de cette fête. Puis, à force de fixer le foyer, ils y découvrent des enfers d'or fluide où ils voudraient s'exiler. Mais ils ne peuvent pas *encore*, les pauvres! Ils y songent, somnolent, s'endorment jusqu'à l'an prochain.

Le vent rôde, hargneux, par les ruelles du village. La pluie sanglote, monotone. Les gouttières gorgées d'eau pépient et se soulagent au bord des toits. Les terriens s'éjouissent. Gonflé de crêpes et de râpé, M. le Curé joue aux cartes chez le voisin. Toutes solitaires, les orgues de l'église hurlent désespérément : «*Omnia sunt in favilla* ! » Puis comme personne n'écoute ce latin suspect, elles reprennent guillerettes : « Allez-vous en gens de la noce !... »

Et la nuit se mêle au brouillard sur la campagne mouillée.

ICI PRENNENT FIN LES 𝔄𝔰𝔭𝔢𝔠𝔱𝔰

DU PAUVRE BOUGRE

ADOLPHE RETTÉ

TABLE

Chapitres		Pages
	Préface......	I-III
I	Le Diable s'explique......	5
II	Un trimardeur......	15
III	Paul Verlaine......	27
IV	Des morts......	35
V	Un amateur......	41
VI	Préface omise......	47
VII	Lettre à Gausson, peintre......	51
VIII	Le décadent......	55
IX	Enclos fleuris......	73
X	Correspondance de Bakounine......	93
XI	Rome......	103
XII	Documents......	119
XIII	Proses diverses......	133
XIV	Des critiques......	141
XV	Esthétiques divergentes......	159
XVI	Poèmes......	169
XVII	Militarisme......	177
XVIII	Des jeunes......	183
XIX	Veillée de Noël......	203

Annonay. — Imprimerie J. ROYER.

www.ingramcontent.com/pod-product-compliance
Lightning Source LLC
Chambersburg PA
CBHW051916160426
43198CB00012B/1921